FLORENCE

EL PODER DE LA
PALABRA HABLADA

Rosalba Bejarano O.
28-06-96

EDICIONES OBELISCO

Si este libro le ha interesado y desea que le mantengamos informados de nuestras publicaciones, escríbanos indicándonos qué temas son de su interés (Astrología, Autoayuda, Ciencias Ocultas, Artes Marciales, Naturismo, Espiritualidad, Tradición) y gustosamente le complaceremos.

Colección Clásicos de la Autoayuda

El poder de la palabra hablada
Florence Scovel Shinn

1.ª edición: octubre de 1994

Portada de María Dolores Alcalá
Título original: *The power of the spoken word*
Traducción de José M. Pomares
© 1992 (reservados todos los derechos)
© by Ediciones Obelisco, S.A. 1994 (reservados todos los
derechos para la lengua española)

Edita: Ediciones Obelisco
Consejo de Ciento, 591, 4.º
08013 Barcelona - Tel. 232 44 30 - Fax 2327553
Castillo, 540 - Tel. y Fax 7714382
1414 Buenos Aires (Argentina)

ISBN: 84-7720-387-3
Depósito legal: B. 34.901 - 1994

Printed in Spain

Impreso en los talleres de Romanyà/Valls, S.A
de Capellades (Barcelona)

Prólogo

Florence Scovel Shinn enseñó metafísica en Nueva York durante muchos años. Sus clases fueron muy concurridas y, de ese modo, pudo transmitir el mensaje a un número considerable de personas.

Sus libros han tenido una amplia consideración, no sólo en Estados Unidos, sino también en el extranjero. Parecen haber tenido la habilidad de encontrar su camino hacia lugares remotos e inesperados de Europa y de otras partes del mundo. De vez en cuando conocemos a alguien que llegó a la Verdad tras haber encontrado un libro de Florence Shinn en el lugar más improbable.

Uno de los secretos de su éxito es que siempre fue ella misma..., coloquial, informal, amistosa y llena de humor. Nunca buscó ser literaria, convencional o impresionante. Por esa razón, atrajo a miles de personas que no habrían aceptado el mensaje espiritual a través de formas más conservadoras y dignificadas, o que habían estado dispuestas a leer, al menos al principio, los libros metafísicos habituales.

Ella misma fue una persona muy espiritual, aunque eso solía quedar oculto tras una actitud prosaica y un tratamiento despreocupado de su tema. La actitud técnica o académica no era para ella. Enseñaba mediante ejemplos familiares, prácticos y cotidianos.

Antes de dedicarse a enseñar la Verdad, había ejercido la profesión de artista e ilustradora de libros, y pertenecía a una vieja familia de Filadelfia.

Dejó una colección de notas que constituyen el presente libro, al que deseamos una amplia circulación.

Emmet Fox

1. Armas que no conoces

«¡Tengo armas que no conoces! ¡Tengo formas de actuar que no conoces! ¡Dispongo de canales que no conoces! Son armas misteriosas, formas de actuar misteriosas, canales misteriosos. Pues Dios actúa de formas misteriosas para realizar sus milagros.» El problema con la mayoría de las personas es que desean saber de antemano las formas y los canales. Desean decirle a la Inteligencia Suprema cómo deberían contestarse sus oraciones. No confían en la sabiduría y el ingenio de Dios. Rezan, dan a la Inteligencia Infinita direcciones claras acerca de cómo actuar, y con ello limitan al Santo de Israel.

Jesucristo dijo: «Cuando rezáis, creed que conseguís». ¿Qué podría ser más sencillo o directo? «Conviértete en un niño pequeño si quieres entrar en el reino.» Podemos parafrasear las escrituras y decir que cabe tener las expectativas de un niño pequeño y vuestras oraciones serán contestadas. Un niño espera con alegre expectativa sus juguetes de Navidad. Yo doy el ejemplo de un niño pequeño que pidió un tambor para Navidades. El niño no se pasa la noche despierto, angustiado por su tambor, preguntándose si lo recibirá. Se va a la cama y duerme como un lirón. A la mañana siguiente se levanta de la cama preparado para el día feliz que le espera. Observa maravillado aquello que hay delante de él.

La persona adulta se pasa noches de insomnio angustiada por su problema. En lugar de un tambor, ha pedido una gran suma de dinero. No se le ocurre pensar en ninguna de las formas en que le llegara y, ¿le llegará a tiempo? Te dirá que tiene una fe perfecta en Dios, pero quisiera saber más acerca del canal y de cómo hay que hacerlo. La respuesta es: «Tengo armas que no conoces». «Mis formas de actuar son ingeniosas, mis métodos son seguros.»

«Confía en mí, compromete conmigo tus formas de actuar.» Comprometer tus formas de actuar con el Señor parece algo muy difícil para la mayoría de la gente. Significa, claro está, seguir la intuición, pues la intuición es el camino mágico, la línea recta que conduce a tu demostración. La intuición es una facultad espiritual que se halla por encima del intelecto. Es la «pequeña voz serena», comúnmente considerada como un presentimiento, que te dice: «Este es el camino, camina por él». Yo me refiero con frecuencia a la intuición, ya que constituye la parte más importante del desarrollo espiritual. Es la guía divina, es el Dios que hay dentro de nosotros, es el ojo que vigila a Israel y que nunca está inactivo o duerme. Con él, nada es poco importante. Reconóceme en todas tus formas de actuar y yo te allanaré el camino. Recuerda: no desprecies las cosas pequeñas, o los acontecimientos aparentemente poco importantes.

A una persona que siempre ha seguido a la mente razonadora le resulta muy difícil seguir repentinamente lo que le dice su intuición, especialmente cuando se trata de personas que tienen lo que llaman hábitos regulares. Están acostumbradas a hacer cada día lo mismo, a la misma hora. Comen dejándose guiar por el reloj. Se levantan a una hora determinada y se acuestan a una hora concreta. Cualquier desviación de la pauta las altera.

Tenemos el poder de la elección: podemos seguir el camino mágico de la intuición, o el largo y duro camino de la experiencia al seguir a la mente razonadora. Al seguir el superconsciente alcanzamos las alturas. En la intuición se encuentran las imágenes de la juventud y la vida eterna, allí donde se supera hasta la muerte. Tenemos el poder para imprimir la imagen de la juventud y la vida eterna en la mente subconsciente. El subconsciente, que no es más que poder sin dirección, transmite la idea, y vemos nuestros cuerpos transmutados en el cuerpo que nunca puede morir. Vemos esta idea parcialmente expresada en la película *Horizontes perdidos*. Shangrila era la imagen simbólica del «Mundo de lo maravilloso», allí donde todas las condiciones son perfectas.

Hay un prototipo espiritual de tu cuerpo y de tus asuntos. Yo lo denomino diseño divino, y este diseño divino es una idea perfecta en tu mente superconsciente. La mayoría de la gente está lejos de expresar la idea divina de sus cuerpos y asuntos. Han impreso las imágenes contrarias de enfermedad, vejez y muerte en su subconsciente, y ésta ha llevado a cabo cuidadosamente sus órdenes. Ahora, tenemos que darle una nueva orden: «Déjame expresar ahora la idea divina en mi mente, mi cuerpo y mis asuntos». Si imprimes esta afirmación en tu subconsciente, mediante la repetición, te asombrarás de los cambios que pronto tendrán lugar. Te verás bombardeado por nuevas ideas y nuevos ideales. En tu cuerpo se producirá un cambio químico. El ambiente que te rodea cambiará para mejorar, pues te expandes rápidamente en el plan divino, donde todas las condiciones son permanentemente perfectas.

«¡Puertas, levantad vuestros dinteles, alzaos, portones antiguos, para que entre el rey de la gloria. ¿Quién es ese rey de gloria? El Señor (o la Ley), el fuerte, el valiente. El Señor, valiente en la batalla.»

Recuerda ahora que la Biblia habla de pensamientos y estados de conciencia. He aquí una imagen de las ideas perfectas de la mente superconsciente que se precipita hacia tu mente consciente. Las puertas y las compuertas se levantan y «el rey de la gloria entrará».

«¿Quién es ese rey de gloria? El Señor (o la Ley), el fuerte, el valiente. El Señor, valiente en la batalla..» Este rey de la gloria dispone de armas que tú no conoces, y hace huir al ejército de los alienígenas (los pensamientos negativos atrincherados en tu conciencia durante tiempo incontable). Estos pensamientos negativos siempre han derrotado a la manifestación del deseo de tu corazón. Son las formas de pensamiento que tú mismo has construido en tu subconsciente, al tener constantemente los mismos pensamientos. Te has construido una idea fija de que «la vida es dura y está llena de desilusiones». Encontrarás estos mismos pensamientos en forma de experiencias concretas de la vida, pues «a partir de las imaginaciones del corazón surgen los temas de la vida».

«Mis formas son formas de complacencia.» Todos deberíamos construirnos en nuestra conciencia una imagen de paz, de armonía y belleza, que algún día surgirá y aparecerá en el mundo visible. La Idea Divina de tu vida aparece a menudo fugazmente en tu conciencia como algo demasiado bueno como para ser verdad. Pocas son las personas que cumplen con sus destinos. El destino significa el lugar que tú estás llamado a ocupar. Estamos plenamente equipados para realizar el plan divino en nuestras vidas. Estamos algo más que capacitados para afrontar cada situación. Si pudiéramos tomar plena conciencia de estas palabras, las puertas se abrirían en seguida y los canales quedarían despejados. Escucharíamos realmente el zumbido de la actividad divina, pues estaríamos conectados con la Inteligencia Infinita que no conoce la derrota. Las oportunidades se nos presentarían desde lugares inesperados. La actividad divina funcionaría en y a través de todos nuestros asuntos y la Idea Divina terminaría por llegar hasta nosotros.

Dios es amor, pero también es ley. «Si me amas, cumple mis mandamientos» (o leyes). El doctor Ernest Wilson me dijo que su primer conocimiento de la verdad le llegó a través de la lectura de la «concentración» de Emerson. Concentrarse significa absorción amorosa. Vemos a los niños encantadoramente absorbidos en su juego. Sólo podemos alcanzar el éxito cuando hacemos algo que nos interesa profundamente. Los grandes inventores nunca se aburren con su trabajo ya que, de otro modo, no aportarían grandes inventos. No trates nunca de forzar al niño a hacer algo que no desee hacer, ya que, en tal caso, no hará sino fracasar. El primer paso hacia el éxito consiste en sentirte contento contigo mismo. Hay muchas personas aburridas consigo mismas. No tienen confianza en sí mismas, y no hacen sino desear ser otras personas distintas a las que son.

Cuando estuve en Londres vi a un hombre en la calle que vendía una nueva canción titulada «Me divierte mucho ser quien soy». Me pareció una idea maravillosa: empezar por sentirse uno contento consigo mismo. Entonces tienes capacidad para expandirte rápidamente hacia el plan divino de tu vida en el que puedes cumplir con tu destino. Puedes estar seguro de que el plan divino de tu vida te producirá una satisfacción perfecta. Ya no envidiarás a nadie. A menudo, la gente se siente impaciente y desanimada. Me sentí inspirada al leer en el periódico algo sobre el famoso caballo de carreras de Omaha. El artículo decía: «Omaha tiene que correr una milla antes de encontrar su paso». No cabe la menor duda de que hay muchas Omahas en el mundo, pero todas pueden alcanzar su paso espiritual y ganar la carrera, y sólo con un parpadear de ojos.

«Goza también en el Señor y Él cumplirá los deseos de tu corazón.» Goza en el cumplimiento de la ley y se cumplirán los deseos de tu corazón. «Gozar en el cumplimiento de la ley» significa disfrutar haciendo una manifestación. Disfrutar en la confianza de Dios significa ser feliz al seguir tus impulsos intuitivos. La mayoría de la gente dice: «Oh, querida, tengo que volver a hacer una manifestación de dinero», o bien: «Oh, querida, mis presentimientos me ponen tan nervioso que no tengo el valor de seguirlos». La gente disfruta jugando al golf y al tenis, ¿por qué no podemos disfrutar con el juego de la vida? Es porque jugamos con fuerzas que no vemos. Con el golf o con el tenis, hay pelotas que podemos ver y un objetivo visible a simple vista; pero ¿cuánto más importante no será el juego de la vida? El objetivo es el plan divino de tu vida, en el que todas las condiciones son permanentemente perfectas.

«Reconócelo a Él en todas tus formas y Él te allanará tus caminos.» Cada momento que podamos vincularnos con la intuición ésta nos ofrecerá un letrero como clara señal a seguir. Así, muchas personas llevan vidas muy complicadas porque tratan de pensar cómo salir de las cosas, en lugar de encontrar formas «intuitivas» de salir de ellas.

Conozco a una mujer que dice tener un conocimiento meticuloso de la Verdad y su aplicación, pero que en cuanto experimenta un problema se pone a razonar y sopesa y mide la situación. Ésta no se resuelve nunca. La intuición sale volando por la ventana en cuando la razón llama a la puerta. La intuición es una facultad espiritual, el superconsciente, y nunca se explica a sí misma. Ahí llega una voz ante mí que me dice: «Este es el camino, síguelo». Alguien me preguntó si la mente razonadora servía alguna vez de algo. La mente razonadora tiene que ser redimida. Confía en la ley espiritual y «se te dará».

Tu papel consiste en ser un buen receptor, en prepararte para tu bendición, en regocijarte y dar las gracias, y todo eso llegará.

Tengo armas que no conoces, tengo formas de actuar que te asombrarán.

2. «Os he dado poder»

Lucas, 10, 19

El regalo que Dios le ha hecho al hombre es el poder; poder y dominación sobre todas las cosas creadas; sobre su mente, su cuerpo y sus asuntos. Toda la infelicidad procede de la falta de poder. El hombre se imagina a sí mismo como un ser débil y víctima de las circunstancias, y afirma que su derrota ha sido causada por «condiciones sobre las que no ejerce control alguno». El hombre, por sí mismo, es una víctima de las circunstancias, pero vinculado con el poder de Dios todas las cosas son posibles.

A través del conocimiento de la metafísica estamos descubriendo cómo se puede hacer eso. Mediante tu palabra, te pones en contacto con este poder. Entonces, milagrosamente, te ves aliviado de toda carga y ganas toda batalla. La vida y la muerte están en el poder de la lengua. Vigila tus palabras con toda diligencia. Estás recogiendo continuamente los frutos de tus propias palabras. «Y aquel que supere y mantenga mis obras hasta el final, a ese le daré poder y dominio sobre las naciones.» Superar significa aquí conquistar todas las dudas, temores y vibraciones negativas. Un hombre con una paz y una actitud perfectas, lleno de amor y de buena voluntad, podría disolver todas las vibraciones negativas, que se fundirían como la nieve bajo el sol. Jesucristo dijo: «Se me ha dado todo el poder para traer el cielo sobre la tierra». Demos gracias por el hecho de que eso esté sucediendo ahora, pues el mal es irreal y no deja mancha alguna. Este poder de Dios está dentro de ti, en tu mente superconsciente. Es el ámbito de la inspiración, la revelación y la iluminación. Es el ámbito de los milagros y maravillas. Cambios rápidos y aparentemente imposibles tienen lugar por tu bien. Una puerta se abre allí donde antes no había puertas. El suministro aparece desde canales ocultos e inesperados, pues «Dios tiene armas que tú no conoces».

Para trabajar con el poder de Dios tienes que abrirle paso y silenciar la mente razonadora. En cuanto preguntes, la Inteligencia Infinita conoce el camino de la realización. El papel del hombre consiste en regocijarse y dar las gracias, y actuar según su fe. Una mujer muy conocida en Inglaterra habló de esta experiencia: solicitaba, con un gran sentimiento, una determinada realización de Dios. Se le ocurrieron entonces estas palabras: «Actúa como si fuera yo, y yo soy». Eso es exactamente lo que yo digo, una y otra vez; únicamente la fe activa impresiona el subconsciente y mientras no impresiones al subconsciente no alcanzarás resultados.

Te daré ahora un ejemplo que te demostrará cómo funciona la ley. Una mujer acudió a mí; el más intenso deseo de su corazón era un matrimonio correcto y un hogar feliz. Se sentía muy atraída por un hombre determinado, pero él era una persona más difícil. Después de haberle demostrado a ella toda clase de atenciones y devociones, cambió de repente y la apartó de su vida.

Ella se sintió desgraciada, con resentimiento y desanimada. Yo le dije: «Ahora es precisamente el momento de prepararte para tu hogar feliz. Compra pequeñas cosas para ese hogar como si no pudieras perder ni un minuto más». Ella se mostró muy interesada en comprar cosas para su hogar feliz cuando todas las apariencias habrían indicado lo contrario. Luego, le dije: «Ahora, tendrás que perfeccionarte con respecto a la situación y ser inmune a todo resentimiento e infelicidad». Le ofrecí la siguiente afirmación: «Ahora soy inmune a toda herida y resentimiento; mi actitud está cimentada sobre la roca, el Cristo que hay dentro de mí». Le dije: «Cuando eres inmune a toda herida y resentimiento, este hombre se te dará, o bien su equivalente». Transcurrieron muchos meses cuando una noche acudió de nuevo a verme y me dijo: «Experimento los sentimientos más amables y amistosos hacia este hombre. Si él no fuera la selección divina para mí, viviría feliz sin él». Poco después de eso, resultó que se encontró con el hombre. Lamentaba mucho haberse comportado como lo hizo, y le rogó que lo perdonara. Poco después de eso, se casaron y un hogar feliz llegó a manifestarse de ese modo. Se había construido alrededor de la fe activa de esta mujer.

Tus únicos enemigos están dentro de ti mismo. Los enemigos de esa mujer fueron la «herida» y el «resentimiento», que son, de hecho «serpientes y escorpiones». Muchas vidas han quedado destrozadas por estos dos enemigos. Vinculada con el poder de Dios, toda oposición se desvaneció de la vida de esta mujer. Ahora, ya nada podía herirla.

Piensa en lo que significa tener una vida libre de experiencias desgraciadas. Eso se consigue mediante un contacto consciente con el poder de Dios, en cada instante.

En la Biblia se menciona muchas veces la palabra «poder». «Deberás recordar al Señor, tu Dios, pues Él es quien te da poder para conseguir riqueza.»

Una persona con una conciencia rica atrae riquezas. Una persona con una conciencia pobre atrae pobreza. He visto a personas que han creído en esta verdad y que se han elevado por encima de la escasez y la limitación, al vincularse con el poder de Dios que hay dentro de ellas, sin depender de lo externo, al confiar en que Dios te da un poder irresistible, pues sólo su Inteligencia Suprema conoce el camino de la realización. «Confía en mí y se te dará.»

Todo lo que puede aportarnos nuestro conocimiento de la verdad es saber que Dios es el único poder. Un solo poder, una sola presencia, un solo plan.

Cuando se tiene la idea fija de que sólo existe un único poder en el universo, el poder de Dios, toda apariencia de maldad desaparecerá de tu mundo. Al obtener una manifestación debemos reconocer únicamente un solo poder. El mal procede de las propias «imaginaciones vanas» del hombre. Retírale todo poder al mal y esté no tendrá poder alguno para hacerte daño.

Te daré un ejemplo que demuestra el funcionamiento de la ley. Me encontraba en un restaurante con una amiga que se derramó algo sobre su vestido. Estaba segura de que aquello dejaría una mancha sobre la tela. Yo le dije: «Le daremos un tratamiento». A continuación, hice la siguiente afirmación: «El mal es irreal y no deja mancha alguna». Y añadí: «Ahora, no mires y déjalo en manos de la Inteligencia Infinita». Al cabo de una hora volvimos a mirar y no había ni la más ligera mancha.

Lo que es cierto para una pequeña cosa también es cierto para otra cosa mayor. Puedes utilizar esta afirmación para las desgracias o errores del pasado y, de uno u otro modo, bajo la Gracia, los efectos desaparecerán y no dejarán mancha alguna.

Muchas personas utilizan el poder personal en lugar del poder de Dios, lo que siempre produce una reacción desgraciada. El poder personal significa forzar la voluntad personal. Daré el ejemplo de una mujer a la que conocí hace mucho tiempo. Se casó con un hombre que trabajaba en un periódico en el que estaba encargado de dibujar una tira cómica. Sus dibujos le exigían un conocimiento del lenguaje de los barrios bajos, que él mismo empleaba de forma continuada. Ella decidió que su marido debía cultivar su mente y leer a los clásicos. Se trasladaron a una ciudad universitaria para que él pudiera asistir a la universidad. Ella insistió en que él estudiara. El hombre se resistió un poco al principio pero finalmente acabó gustándole la idea. Prontó se enfrascó en el estudio de los clásicos. No hablaba más que de Platón y Aristóteles. Deseaba que la comida se cocinara tal y como ellos habían cocinado, y que se comiera la misma comida sencilla que ellos habían comido. La vida de esta mujer se convirtió en una pesadilla. Después de esta experiencia, jamás trató de cambiar a nadie. La única persona a la que tienes que cambiar es a ti mismo. Al cambiar tú, cambian también todas las condiciones que te rodean. ¡Y hasta la gente cambiará!

Cuando no te dejas perturbar por una situación, ésta se desprende por su propio peso. Tu vida está caracterizada por la suma total de tus creencias subconscientes. Esas condiciones las llevarás contigo, vayas a donde vayas.

«Soy fuerte en el Señor y en el poder de su fuerza.»
«Soy apoyado por innumerables huestes de poder.»

Poder significa dominio, y dominio significa a su vez control. El hombre controla las condiciones mediante un conocimiento de la ley espiritual. Supón que tu problema es la escasez o la limitación. Tu necesidad urgente es el suministro de lo que te falta. Vincúlate con el poder de Dios que está dentro de ti, y da gracias por el suministro inmediato que recibes de ese modo. Si estás demasiado cerca de la situación, si te sientes lleno de dudas y temores, acude a un profesional en busca de ayuda, alguien que vea con claridad para ti.

Un hombre me dijo, mientras estábamos en un centro de Verdad, en Pittsburgh, que oía hablar a los demás sobre mí y replicó: «¿Quién demonios es Florence Scovel Shinn?». Alguien le contestó: «Oh, escribió *El juego de la vida*. Si le escribes, ella te conseguirá un milagro». Según dijo, me escribió rápidamente y consiguió una manifestación. Jesucristo dijo: «Cuando dos de vosotros se pongan de acuerdo, se hará». No vaciles en pedir ayuda si no puedes ver con claridad tu bien. Jesucristo vio con claridad para las personas a las que curó. No les dijo que se curaran a sí mismas. Naturalmente, puedes alcanzar el estado en el que ya no necesites ayuda alguna, en el que hayas fijado la idea de que el poder de Dios es el único poder y de que el plan de Dios es el único plan.

No podemos tomar bendiciones de la Inteligencia Infinita, sino que éstas se nos tienen que dar. El papel del hombre consiste en ser un receptor agradecido. «Mirad, os he dado el poder de pisar sobre serpientes y escorpiones, y sobre todo poder del enemigo, y nada os podrá hacer daño.» «Le hiciste señor de las obras de tus manos, todo fue puesto por ti bajo sus pies: ovejas y bueyes, todos juntos, y aun las bestias del campo.» Esta es la idea de Dios sobre el hombre, pero la idea del hombre sobre sí mismo es de limitación y de fracaso. Sólo es en un gran momento cuando el hombre parece estar a la altura de su poder y dominio.

No es hasta que afrontemos una situación de escasez cuando expresamos repentinamente el poder que ya se nos ha dado. He conocido a personas habitualmente nerviosas y ansiosas por tener aplomo y poder al verse enfrentadas con una situación grande.

«Escucha, oh, Israel, no tendréis que pelear en esta ocasión. Apostaos y quedaos quietos, y veréis la salvación de Yahveh que vendrá sobre vosotros.» A menudo, la gente pregunta: «¿Qué significa quedarse quieto? ¿No hacer nada?». «Quedarse quieto» significa mantener la serenidad. Le dije a un hombre que estaba tenso y nervioso: «Tómatelo con calma y ve la salvación del Señor», a lo que él replicó: «Dios mío, eso me ha ayudado mucho». La mayoría de la gente se esfuerza demasiado. Llevan consigo sus cargas y luchan sus batallas y, por lo tanto, siempre están sumidos en la confusión y nunca consiguen lo que nosotros llamamos una manifestación. Quédate de un lado, y ve la salvación del Señor. Podríamos parafrasear las escrituras y decir: «Escucha, oh, Israel, nunca conseguirás ganar esta batalla luchando. Déjamelo por completo a mí, y se te dará».

Al seguir el camino mágico de la intuición escapas a todas las complicaciones y a la fricción, y trazas una línea recta que te conduce a tu manifestación. Recuerda que se nos ha dicho que no despreciemos el día de las cosas pequeñas. Es un gran error pensar que cualquier cosa es poco importante. Me dirigía un día a una tienda para comprar dos artículos. Cerca de donde vivo hay dos tiendas, una cara y otra donde todas las cosas son un poco más baratas, pero los artículos son exactamente los mismos. La mente razonadora dijo: «Ve a la tienda más barata», pero la intuición me dijo: «Ve a la tienda más cara». Naturalmente, seguí aquel camino mágico. Le dije al empleado lo que deseaba. Y él me dijo: «Los dos artículos se venden hoy por el precio de uno, porque están haciendo publicidad de uno de los productos». Así pues, la intuición me llevó al lugar y al precio correctos. La diferencia de precio sólo era de cincuenta centavos, pero la intuición siempre favorece tus intereses. Si hubiera tratado de conseguir algo más barato habría acudido a la otra tienda y pagado el doble por lo que quería. Aprende de las cosas pequeñas y estarás preparado para manejar las cosas grandes.

Al estudiar atentamente las escrituras encontramos que el don que Dios le da al hombre es el poder. Las cosas y las condiciones siguen automáticamente. Dios da al hombre poder para que esté bien. Da al hombre poder sobre los elementos. Da al hombre poder para curar la enfermedad y para arrojar a los demonios.

«Aquellos que confían en el Señor renovarán su fortaleza. Se elevarán con alas y águilas, correrán y no se debilitarán y caminarán y no se desvanecerán».

Démonos cuenta de que este poder invencible está al alcance de todos nosotros. «Aquel que llame en nombre del Señor, será recibido.» Así pues, vemos que la palabra vincula al hombre con la omnipotencia. Esta Inteligencia Suprema supone algo más que elevar cada carga y luchar cada batalla.

Se me ha dado todo poder para traer el cielo sobre la Tierra.

3. Sé fuerte y no temas

¡Sé fuerte! No temas. El temor es el único adversario del hombre. Afrontas la derrota cada vez que te sientes temeroso. El temor a la privación, el temor al fracaso, el temor a la pérdida, los temores personales, el temor de la crítica. El temor te roba todo tu poder, pues has perdido entonces tu contacto con la Casa del Poder Universal. «¿Por qué temes, hombre de poca fe?». El temor es como una fe invertida. Es la fe vuelta hacia abajo. Cuando te sientes temeroso empiezas a atraer precisamente aquello que más temes: lo magnetizas. Te sientes como hipnotizado por los pensamientos apresurados cuando sientes temor.

Daniel se mantuvo imperturbable porque sabía que su Dios era más fuerte que los leones, que su Dios hacía que los leones fueran tan inofensivos como gatitos, así que dirígete hacia tu león con la mayor rapidez posible y ve por ti mismo. Quizá has estado huyendo durante toda tu vida de un león particular. Eso ha hecho tu vida miserable y te ha encanecido el pelo. En cierta ocasión, una peluquera me dijo que conocía a una mujer cuyo cabello gris había recuperado su color natural en cuanto ella dejó de preocuparse. Una mujer me dijo durante una entrevista: «Yo no temo nada, pero me preocupo mucho». El temor y la preocupación son hermanos gemelos y una misma cosa. Si realmente no sintieras ningún temor se te secarían las células de la preocupación. ¿Por qué te preocupes, hombre de poca fe? Creo que el temor más prevaleciente es el temor de la pérdida. Quizá lo tengas todo aquello que la vida puede ofrecer, pero ahí aparece el viejo león del recelo, y lo oyes gruñir: «¡Esto es demasiado bueno para ser cierto! No puede durar». Si llama tu atención, puede que empieces a preocuparte.

Muchas personas han perdido aquello que más valoraban en la vida. Eso se debe invariablemente a que temían perderlo. La única arma que puedes emplear contra tus leones es tu propia palabra. Tu palabra es tu varita, llena de magia y de poder. La balanceas sobre tu león y lo transmutas en un gatito. Pero el león seguirá siendo un león a menos que te dirijas directamente hacia él. Puedes preguntar: «¿Cómo nos dirigimos hacia los leones?». Moisés le dijo a su pueblo: «No temáis, quedaos quietos y ved la salvación del Señor que Él nos mostrará en este mismo día, pues los egipcios a los que habéis visto hoy ya no los volveréis a ver nunca más. El Señor luchará por vosotros, y vosotros conservaréis vuestra paz». Ah, qué disposición tan maravillosa.

La Inteligencia Infinita conoce el camino para salir. La Inteligencia Infinita sabe dónde está el suministro para cada demanda. Pero tenemos que confiar en ella, mantener nuestra serenidad y darle derecho de paso. Hay muchas personas que temen a otras. Echan a correr para huir de las situaciones desagradables así que, naturalmente, la situación corre tras ellas.

«El Señor es mi luz y mi salvación, ¿a quién debo temer? El Señor es la fuerza de mi vida, ¿de quién debo tener miedo?» El salmo vigesimoséptimo es uno de los más triunfales. También es rítmico y musical. El autor se dio cuenta de que ningún enemigo podía causarle daño alguno, pues el Señor era su luz y su salvación. Ahora, recuerda que tus únicos enemigos están dentro de ti mismo. La Biblia habla de los pensamientos enemigos, de tus propias dudas, temores, odios, resentimientos y presentimientos. Cada situación negativa de tu vida es un pensamiento cristalizado, y ha sido construido a partir de tus propias imaginaciones vanas. Pero esas situaciones no pueden soportar la luz de la verdad. Así pues, afronta la situación sin temor alguno, diciendo: «El Señor es mi luz y mi salvación, ¿a quién voy a temer?».

Jesucristo fue el más grande metafísico y nos dio reglas definitivas para controlar las situaciones por medio de la palabra y del pensamiento. «Tú me has hecho más sabio que mis enemigos.» En primer lugar, tienes que ser más sabio que tus pensamientos enemigos, el ejército de los alienígenas. Tienes que replicar a todo pensamiento negativo con una voz de autoridad. El ejército de los alienígenas cantará: «El negocio está apagado y el dinero es escaso». Inmediatamente, contéstate a ti mismo: «Mi suministro procede de Dios y ahora aparece como setas, de la noche al día». No hay momentos duros en el reino. Es posible que debas tenerlo en cuenta durante un tiempo, como aquella canción que hablaba de lo que hizo Katy: «Katy hizo..., Katy no hizo», y así sucesivamente. Finalmente, ganarás pues la verdad tiene que prevalecer y has puesto en retirada al ejército de los alienígenas. Luego, cuando te encuentres desprevenido, el ejército de los alienígenas empezará de nuevo: «No eres apreciado, nunca alcanzarás el éxito». Tu respuesta inmediata debe ser:

«Dios me aprecia y por lo tanto el hombre me aprecia. Nada puede interponerse en mi éxito, diseñado divinamente». Finalmente, el ejército de los alienígenas se disuelve y se disipa porque no le prestas ninguna atención. Los has eliminado a todos de hambre. Agota los pensamientos temerosos al no prestarles ninguna atención y al actuar de acuerdo con tu fe. El león deriva su ferocidad de tu propio temor, su rugido está en los temblores de tu corazón. Quédate quieto, como hizo Daniel, y también tú oirás el aleteo de los ángeles enviados para hacerse cargo de tu situación.

La misión de Jesucristo consistió en despertar a la gente. «Despertad, vosotros que dormís.» La gente estaba dormida en el sueño adámico de los opuestos. La privación, la pérdida, el fracaso, el pecado, la enfermedad y la muerte les parecen realidades. La historia de Adán es que comió del árbol de la ilusión y cayó en un profundo sueño. Sumido en ese profundo sueño imaginó vanamente el bien y el mal.

Bernard Shaw, en su libro *Regreso a Matusalén*, dice: «Adán inventó el asesinato, el nacimiento y la muerte, todas ellas condiciones negativas». Eso fue el desarrollo de la mente razonadora. Desde luego, Adán es intercambiable con la mente genérica. En la fase del Jardín del Edén, el hombre sólo funcionaba en el superconsciente. Todo aquello que deseara o que necesitara lo encontraba siempre a mano. Con el desarrollo de la mente razonadora llegó la caída del hombre. Razonó sobre sí mismo en la privación, las limitaciones y el fracaso. Se ganó el pan con el sudor de su frente, en lugar de aceptar el que se le ofrecía divinamente.

El mensaje de Jesucristo consistió en llevar de nuevo a la gente hacia la «cuarta dimensión», la conciencia del

Jardín del Edén. El el capítulo 14 de Juan encontramos la síntesis de todas sus enseñanzas. Él lo llamó «el evangelio», lo que significa «buenas noticias». Con una sencillez y de una forma directa extraordinarias, les dijo a las gentes que si pedían y creían, recibirían, atribuyendo siempre el poder al Padre que hay en cada uno de nosotros. Dios es el que concede, el hombre es el que recibe. Esta Inteligencia Suprema aporta al hombre todo lo que desea o necesita. Esa fue ciertamente una doctrina destinada a despertar a la gente. Él demostró sus afirmaciones mediante milagros y maravillas.

Uno de los milagros más espectaculares fue la curación del hombre que había estado ciego desde el día en que nació. Los oponentes de Jesús interrogaron al hombre, con la esperanza de encontrar algo contra Él. Pero el hombre se limitó a decir: «Lo único que sé es que antes era ciego y ahora veo». Quizá tú estabas ciego a tu bien, ciego a tus oportunidades, ciego a tus impulsos intuitivos, ciego a las apariencias que te hacían confundir a los amigos por enemigos. Cuando estás despierto a tu bien, sabes que no hay enemigos, pues Dios utiliza a toda persona y situación sólo para tu bien. Las dificultades son amistosas y los obstáculos simples piedras que hay que superar. Al ser uno con Dios, se conviertes en invencible.

Esta es una afirmación muy poderosa: «El poder invencible de Dios lo arrasa todo ante él. Yo avanzo sobre las olas hacia la tierra prometida». Al avanzar sobre las olas, éstas te llevan hacia tu destino, libre de la resaca de los pensamientos negativos, que no harían sino hundirte hacia el fondo. Tus pensamientos y deseos siempre te llevan hacia alguna parte. Prentiss Mulford dice: «El propósito persistente, ese fuerte deseo, ese incesante anhelo, es una semilla en la mente. Está enraizada allí, está viva.

Nunca deja de crecer. Hay una ley maravillosa implicada en ella. Esa ley, cuando es conocida, cuando se la sigue y se confía en ella, conduce a todo individuo a obtener resultados potentes y hermosos. La ley, seguida con tus ojos abiertos, conduce a más y más felicidad en la vida, pero seguida ciegamente, con los ojos cerrados, conduce a la miseria».

Eso significa que el deseo es una tremenda fuerza vibratoria y tiene que ser dirigido correctamente. Acepta esta afirmación: «Sólo deseo aquello que la Inteligencia Infinita desea a través de mí. Afirmo aquello que es mío por derecho divino y bajo la gracia en una forma perfecta». Entonces dejarás de desear las cosas incorrectas, y los deseos correctos tomarán su lugar. Tus deseos tristes son contestados tristemente, el cumplimiento de tus deseos impacientes se retrasa durante mucho tiempo, o son realizados de forma violenta. Es importante no perder nunca esto de vista. Muchas situaciones desgraciadas han sido provocadas por deseos tristes o impacientes.

Daré el ejemplo de una mujer que se ha casado con un hombre que deseaba que ella le acompañara cada noche a un cierto lugar. Eso la agotaba y noche tras noche ella deseaba impacientemente poder quedarse en casa y dedicarse a leer un libro. El deseo era tan fuerte que comenzó a germinar. Su esposo salió con otra mujer. Ella lo perdió, así como su apoyo, pero tuvo tiempo para quedarse en casa y leer un libro. Nada ocurre en tu vida sin que tú no invites a que ocurra.

Prentiss Mulford también ha aportado algunas ideas interesantes sobre el trabajo. Dijo: «Para alcanzar éxito en cualquier empresa, arte, comercio o profesión simplemente mantén fija en la mente y de modo persistente el objetivo que te hayas propuesto alcanzar, y luego estudia para hacer que todos los esfuerzos por conseguirlo sean juego o recreo. En el momento en que eso se convierte en un duro trabajo, no estamos avanzando».

Al contemplar mis propias experiencias en el mundo del arte, veo lo ciertas que son estas palabras. De la Academia de Bellas Artes en Filadelfia salieron ocho hombres, todos ellos aproximadamente de la misma edad, que se convirtieron en artistas distinguidos y con éxito. Se les llamó el grupo de «Los Ocho» en el mundo del arte contemporáneo. Jamás se supo de ninguno de ellos que trabajara duro. Nunca se basaron en la antigüedad, nunca hicieron nada de una forma académica. Simplemente, se expresaron tal como eran. Pintaron y dibujaron porque les encantaba hacerlo, por el placer de hacerlo. Cuentan una historia divertida acerca de uno de ellos que llegó a ser muy conocido como artista paisajístico, y que recibió numerosas medallas y menciones honoríficas en las exposiciones. En cierta ocasión hizo una exposición individual en Nueva York, en una de las grandes galerías, y estaba allí sentado, leyendo el periódico. Una mujer entusiasmada se le acercó precipitadamente y le dijo: «¿Puede decirme algo sobre el maravilloso hombre que ha pintado estas imágenes tan adorables?». Él contestó: «Claro, yo soy el tipo que pintó esas condenadas cosas». Pintaba por diversión, y no le importaba que sus cuadros gustaran o no a la gente.

Allí donde estuve ciega, ahora puedo ver mi trabajo correcto, mi autoexpresión perfecta. Allí donde estuve ciega, ahora puedo ver con claridad el plan divino de mi vida. Allí donde estuve ciega, ahora puedo ver que el poder de Dios es el único poder y que el plan de Dios es el único plan. El pensamiento precipitado sigue teniendo consigo una creencia en la inseguridad. «Despertad, vosotros que dormís». Dios es tu eterna seguridad de mente, cuerpo y asuntos. «No permitas que tu corazón se preocupe, ni tengas miedo.» Si estuvieras perfectamente despierto a tu bien, no encontrarías ningún problema ni sentirías ningún temor. Al despertar a la verdad, a que no hay pérdida alguna, escasez o fracaso en el reino de la realidad, la pérdida, la escasez y el fracaso desaparecerían de tu vida. Ellos sólo proceden de tus propias imaginaciones vanas.

Lo siguiente es un ejemplo que ilustra el funcionamiento de la ley. Hace una serie de años, cuando me encontraba en Londres, compré una maravillosa pluma estilográfica en Asprey. Era japonesa y se llamaba Namike Pen. Resultó bastante cara y me entregaron, junto con la pluma, una garantía en la que se aseguraba que me duraría treinta años. Quedé muy impresionada porque cada verano, exactamente el 5 de agosto, me escribieron para preguntarme cómo me funcionaba la pluma; casi podría pensarse que había comprado un caballo de carreras. No se trataba de una pluma corriente y me sentía muy satisfecha con ella. Siempre la llevaba conmigo y un día la perdí. Inmediatamente, empecé a negar la pérdida. Me dije: «No hay pérdida en la mente divina, por lo tanto, no puedo perder la Namike Pen. Me será restaurada, ella misma o su equivalente». En ninguna de las tiendas que conocía en Nueva York encontré estas plumas y Londres estaba muy lejos, pero yo estaba llena de confianza divina, sabía que no podía perder mi Namike Pen. Un buen día en que cruzaba por la Quinta Avenida en un autobús, mi vista se vio atraída durante una fracción de segundo hacia un cartel que había en una de las tiendas. Pareció como si destacara de entre el resto de las luces. Decía: «Tienda de artesanía oriental». Jamás había oído hablar

31

de esa tienda, pero tuve la fuerte impresión de que debía bajarme, entrar y preguntar si tenían una Namike Pen. Así pues, bajé del autobús, entré en la tienda y pregunté. La vendedora me contestó: «Desde luego, tenemos un amplio surtido, y su precio acaba de ser reducido a 2,50 dólares». Alabé al Señor y di las gracias. Compré tres de aquellas plumas, y conté esa historia en una de mis conferencias. Las plumas pronto fueron vendidas cuando la gente se precipitó a comprarlas. Ciertamente, fue una forma extraña de funcionamiento de la ley, pero yo fui plenamente consciente de que todo ocurrió por mi bien. No dejé que creciera la hierba por debajo de mi impulso intuitivo.

El estudiante de la Verdad sabe que debe demostrar el principio en sus asuntos cotidianos. «Reconóceme en todas tus formas de actuar y yo dirigiré tu camino.» «En verdad os digo que aquel que crea en mí, en las obras que hago, él también las hará y hasta obras más grandes que éstas hará, porque yo acudo a mi Padre.» ¡Qué maravillosa fe tenía Jesucristo en el hombre! Mantuvo su visión de la raza que había de venir, en el hombre hecho a imagen (imaginación) y semejanza de Dios. «Y todo aquello que pidáis en mi nombre, eso haré, para que el Padre pueda ser glorificado en el Hijo.» Si pedís algo en mi nombre, yo lo haré. Explicó a las gentes que se encontraban bajo un sistema de dones. Dios era el dador, y el hombre el receptor. «¿Acaso no crees que yo soy en el Padre y el Padre es en mí? Las palabras que te digo, no te las digo yo mismo, sino el Padre que mora en mí es el que hace las obras.» Les dijo a las gentes que «buscaran el reino», el ámbito de las ideas perfectas, y que todas las demás cosas les serían dadas por añadidura. ¡Los despertó!

«Allí donde estaba ciego, ahora puedo ver, no hay nada que temer puesto que no hay poder para causar daño. Veo claramente ante mí el camino abierto de la realización. Ningún obstáculo se interpone en mi camino.»

Le hiciste señor de las obras de tus manos, todo fue puesto por ti bajo sus pies.

Salmos, 8, 7

4. La gloria del Señor

Salmo 24

En el diccionario encontré definida la palabra gloria como resplandor, esplendor. «Mis ojos han visto el resplandor del Señor», lo que significa la ley en acción. No podemos ver a Dios, pues Dios es principio, poder, la Inteligencia Suprema que han dentro de nosotros, pero lo que vemos son las pruebas de Dios. «Escrútame, Señor, ponme a prueba, pasa al crisol mi conciencia y mi corazón, está tu amor delante de mis ojos, y en tu verdad camino.» Demostramos a Dios al dirigir el poder de Dios y confiar en él para que haga el trabajo. Cada vez que conseguimos una manifestación hemos demostrado a Dios. Si no has recibido los deseos que anidan en tu corazón, has «pedido en medio», es decir «no has rezado bien». Recibes la respuesta de la misma forma en la que has enviado tu demanda. Tus deseos tristes son contestados tristemente, el cumplimiento de tus deseos impacientes se retrasa durante mucho tiempo, o son realizados de forma violenta.

Supón que te resientes por la escasez y la limitación, por vivir en un ambiente pobre. Dices con un gran sentimiento: «Deseo vivir en una casa grande, con un ambien-

34

te hermoso». Tarde o temprano puede que te encuentres cuidando de una casa grande y hermosa, aunque no participes de su opulencia. Esta idea se me ocurrió en el momento en que pasaba ante la casa y los terrenos de Andrew Carnegie, en la Quinta Avenida. Estaba todo cerrado y la entrada y las ventanas cubiertas con tablas. Sólo había una ventana abierta en el sótano. Allí es donde vivía el que cuidaba del edificio. Realmente, era una imagen triste. Así pues, pide (o desea) con alabanza y acción de gracias, de modo que puedas ver en acción la gloria de la ley.

Toda vida es vibración. Tú te combinas con aquello que observas, o te combinas con aquello con lo que vibras. Si vibras ante la injusticia y el resentimiento eso es lo que te encontrarás en el camino, a cada paso que des. Ciertamente, pensarás que es un mundo duro y que todo el mundo está contra ti. Hermes Trismegisto dijo estas palabras hace varios miles de años: «Para cambiar tu estado de ánimo tienes que cambiar tus vibraciones». Yo las digo todavía con más fuerza; yo digo que, para cambiar tu mundo, tienes que cambiar tus vibraciones. Conéctate con una corriente diferente en tu batería de pensamiento y verás inmediatamente la diferencia. Supón que has experimentado resentimiento por la gente y dices que no eres apreciado. Toma la siguiente afirmación: «Dios me aprecia, por lo tanto el hombre me aprecia, y yo me aprecio a mí mismo». Inmediatamente te encontrarás con alguna clase de reconocimiento en el plano externo.

Ahora eres un trabajador maestro y tus herramientas son tus propias palabras. Asegúrate de que construyes constructivamente, según el plan divino. El juez Troward dijo: «El hombre es un distribuidor del poder de Dios, no crea esa fuerza». Lo encontramos en *Hebreos*: «¿Qué es el hombre que te acuerdas de él? ¿O el hijo del hombre, que de él te preocupas? Le hiciste por un poco inferior a los ángeles, de gloria y honor le coronaste. Todo lo sometiste debajo de sus pies». Tú has puesto todas las cosas bajo nuestro entendimiento.

Llegamos ahora a una era de comprensión. Ya no tenemos la fe de los campesinos, sino que comprendemos la fe. Salomón dijo: «Con todos tus actos, consigues comprensión»; comprensión del funcionamiento de la ley espiritual, de modo que distribuyamos este poder dentro de nosotros de una forma constructiva.

La ley de leyes es hacer a los demás lo mismo que quisieras que los demás te hagan a ti; pues todo aquello que envías es lo mismo que regresa hacia ti, y aquello que hagas a los demás, es lo que te harán a ti. Así, la mujer que se contiene en lugar de criticar, se salva de la crítica. Las personas críticas siempre son criticadas. Viven en esa vibración. También sufren de reumatismo, pues los pensamientos ácidos producen ácido en la sangre, lo que causa dolor en las articulaciones. Leí una vez un artículo en un periódico. Decía que un médico había tenido una experiencia particular con uno de sus pacientes. La mujer en cuestión tenía abscesos cada vez que su suegra le hacía una visita. No hay nada de peculiar en esto, ya que ella hervía interiormente (cuántas veces hemos oído decir que la gente hierve de rabia), así que los abscesos aparecían en su cuerpo. Eso no incluye a todas las suegras. He conocido a algunas realmente maravillosas que sólo han aportado paz y armonía con ellas. Los problemas de la piel demuestran que algo se te ha metido por debajo de la piel. Te has sentido irritado o encolerizado. Aquí vemos, una vez más, que el hombre da dirección a este poder de Dios, a través de sí mismo. Al vibrar con este poder, todas las cosas quedan bajo sus pies. «Ovejas y bueyes, todos juntos, y aun las bestias del campo, y las aves del cielo, y los peces del mar, que surcan las sendas de las aguas.» ¡Qué imagen de poder y de dominio para el hombre!

El hombre tiene poder y dominio sobre los elementos. Deberíamos ser capaces de «reprender el viento y las olas». Deberíamos ser capaces de poner fin a la sequía. Leí en un periódico que a las gentes de un distrito bastante seco se le rogó que no cantara la canción «Ya no va a llover más». Al saber algo de la metafísica, se dieron cuenta del poder de las palabras negativas. Tuvieron la sensación de que eso tenía algo que ver con la sequía. Deberíamos ser capaces de detener las inundaciones y las epidemias. «Pues al hombre se le ha dado poder y dominio sobre todas las cosas creadas.» Cada vez que obtenemos una manifestación estamos demostrando nuestro poder y dominio.

Tenemos que elevarnos en la conciencia para que llegue el rey de la gloria. Al leer la afirmación: «Si tu ojo fuera único, todo tu cuerpo estaría lleno de luz», parece como si nos sintiéramos inundados por una resplandor interior. El ojo único significa ver únicamente el bien, no sentirnos perturbados por las apariencias del mal. Y Jesucristo dijo: «No juzgues por las apariencias, juzga por un juicio piadoso (correcto)». Hay una ley oculta de la indiferencia. Jesucristo conocía esa ley. «Ninguna de esas cosas me conmueve.» Ninguna de esas cosas me perturba, podríamos decir en nuestro idioma moderno. El egoísmo y la voluntad personal no traerán consigo sino derrota y fracaso. «Si el Señor no construye la casa, en vano se afanan los constructores.» La facultad de la imaginación es una facultad creativa, y tus imágenes de temor aparecerán en lo externo y serán el resultado de tu propia imaginación distorsionada. Con el ojo único, el hombre sólo ve la Verdad. Ve a través del mal, sabiendo que de ello procede el bien. Transmuta la injusticia en justicia y desarma a sus enemigos aparentes enviándoles buena voluntad. Es apoyado ahora por innumerables huestes de poder, pues el ojo único sólo ve la victoria.

La mitología nos habla de los cíclopes, una raza de gigantes que se dice habitó en Sicilia. Esos gigantes sólo tenían un ojo en el centro de la frente. La sede de la facultad de imaginar se halla situada en la frente (entre los ojos), por lo que esos gigantes de fábula procedieron de esta idea. Tú eres, de hecho, un gigante cuando tienes «el ojo único».

Jesucristo, el más grande de todos los maestros, reiteró: «Ahora ha llegado el momento, hoy es el día de nuestra salvación». Hace unos pocos días vi una película que mostraba la futilidad de intentar vivir o volver a recuperar el pasado. Es una película francesa titulada «La vida sigue su baile». Se trata de la historia de una mujer que, cuando tuvo dieciséis años, acudió a su primer baile. Ahora es una viuda de unos treinta y cinco años. Se había casado por dinero y nunca había conocido la felicidad. Cuando se encontraba quemando viejos papeles, se encontró con un desvaído programa de baile. En él se encontraban los nombres de seis hombres con los que ella había bailado en aquella fiesta. Cada uno de ellos le había jurado amarla toda la vida. Mientras está allí sentada, con el programa entre las manos, el recuerdo del baile se refleja sobre la pantalla; una escena de amor, los danzarines casi flotando a los acordes de un vals arrebatador. Ahora, la vida de esta mujer está vacía y decide recuperar su juventud perdida y dedicarse a descubrir qué ha sido de aquellos hombres cuyos nombres anotó en el programa. Una amiga que está con ella le dice: «No puedes volver a captar la juventud perdida; si regresas perderás las cosas de hoy». A pesar de todo, ella emprende la búsqueda de aquellos hombres y con todos ellos encuentra la desilusión. Uno de ellos ni siquiera la recordaba. Cuando ella le preguntó: «¿No me recuerdas? ¡Soy Christine!», él contestó: «¿Christine? ¿Qué Christine?». Algunos de ellos llevaban vidas sórdidas. Finalmente, regresa a la ciudad de su adolescencia, donde vivía el quinto hombre de la lista. Se había convertido en peluquero. Él le habla alegremente de los viejos tiempos, mientras le hace la permanente. Entonces dice: «Supongo que no recordarás tu primer baile. Se celebró aquí, en esta misma ciudad, y esta noche se celebrará un baile en el mismo lugar. Acompáñame, eso te hará recordar los viejos tiempos». Ella acude al baile; todo le parece barato y cursi. En la pista de baile hay personas poco atractivas, mal vestidas. Le pide a la orquesta que interprete su vals, el vals de su juventud perdida. Su acompañante le dice que a los demás asistentes no les gustará un anticuado vals. No obstante, la orquesta lo interpreta. El contraste es excesivo; todas las ilusiones de la mujer se desvanecen. Se da cuenta de que el baile que recuerda nunca existió en realidad tal y como ella creyó que había existido. Sólo fue una ilusión del pasado. Y ella no puede volver a captar el pasado.

Se ha dicho que los dos ladrones de la cruz estuvieron allí por los ladrones de tiempo. Uno de ellos habló del pasado y el otro del futuro, y Jesucristo replicó: «Ahora ha llegado el momento, hoy estarás conmigo en el paraíso». En el viejo poema sánscrito se nos dice: «Mira bien, por tanto, este día. Ese es el saludo del amanecer». Toda preocupación y temor no son más que ladrones de tiempo.

La ley oculta que subyace en la indiferencia es de lo más profunda, pues contiene el alcance de un estado de conciencia en el que el mundo exterior de la sensación no ejerce la menor influencia sobre la acción de la mente y puede, por lo tanto, estar en completa unicidad con la mente divina. Las vidas de la mayoría de la gente son una sucesión de perturbaciones: escasez, pérdida, limitación, suegras, terratenientes, deudas o injusticias. Este mundo fue popularmente conocido como «un valle de lágrimas». La gente se entrometía en sus propios asuntos, libraban sus luchas y soportaban sus cargas. Si un hombre juzga mi aspecto, se encuentra la mayor parte del tiempo en un ruedo. El ruedo de las condiciones adversas y enfrentado a los leones de la escasez y la limitación. «Si tu ojo fuera mal (si imaginas condiciones adversas), todo tu cuerpo estará lleno de oscuridad. Si, por lo tanto, la luz que hay en ti es oscuridad, ¡qué grande es esa oscuridad!» La luz del cuerpo es el ojo interior (o la facultad de imaginar); en consecuencia, si tu ojo fuera único, y sólo vieras un poder, un plan y un planificador, tu cuerpo y tus asuntos estarían llenos de luz. Mírate a ti mismo, diariamente, bañado en la Luz de Cristo. Este resplandor interior es un poder invencible que disuelve cualquier cosa que no haya sido divinamente planeada. Disuelve toda apariencia de enfermedad, de escasez, de pérdida o limitación. Disuelte las condiciones adversas, o «cualquier arma que se forme contra ti».

Cuando tu ojo es único siempre tenemos a nuestra disposición esta luz. Deberíamos aprender a volvernos hacia ella, con la misma seguridad con la que encendemos una bombilla eléctrica. «Busca primero el reino de Dios y su justicia y todas las cosas justas te serán dadas por añadidura.» El proverbio chino dice: «El filósofo deja el puño de su abrigo en manos del sastre». Así pues, deja el plan de tu vida al planificador divino y descubrirás que todas las condiciones son permanentemente perfectas.

5. Paz y prosperidad

«Haya paz en tus muros, en tus palacios calma.» En esta afirmación del Salmo 122 encontramos que la paz y la prosperidad van juntas. Las personas que manifiestan apariencia de escasez se encuentran sumidas en un estado de temor y confusión. No están plenamente despiertas a su bien y pierden iniciativas y oportunidades. Una persona pacífica es una persona ampliamente despierta. Ve con claridad y actúa con rapidez. Nunca pasa por alto una estratagema.

He visto a personas discordantes y desgraciadas cambiar por completo. Daré un ejemplo con objeto de demostrar el funcionamiento de la ley. Una mujer se me acercó en un estado de pena abyecta. Su propio aspecto la delataba. Tenía los ojos hinchados de tanto llorar. El rostro aparecía ojeroso y marchito. El hombre al que amaba la había abandonado y ella se había convertido, ciertamente, en la criatura más desmagnetizada que yo haya visto jamás. Observé la configuración de su rostro: ojos grandes, muy separados, y una barbilla puntiaguda. Durante muchos años yo fui una artista y adquirí la costumbre de mirar a las personas desde el punto de vista de

un artista. Mientras observaba a esta criatura desampara-
da, pensé que su rostro era el propio de una modelo de
Botticelli. A menudo veo en la gente a la que conozco a
personajes de los cuadros de Rembrandt, de sir Joshua
Reynolds. Hablé con la Palabra a esta mujer y le entre-
gué mi libro *El juego de la vida y cómo jugarlo*. Una se-
mana o dos más tarde vino a verme una persona encanta-
dora. Sus ojos eran hermosos y era bonita. Pensé que su
rostro era el de una modelo de Botticelli. De repente, me
di cuenta de que se trataba de la misma mujer. Ahora era
feliz y despreocupada. ¿Qué había ocurrido? Nuestra
conversación y el libro le habían aportado paz.

«Haya paz en tus muros.» Tus «muros» son tu conciencia. Jesucristo resaltó la paz y el descanso. «Venid a
mí todos los que os sentís abatidos y los que soportáis
cargas pesadas y os daré descanso.» Estaba hablando del
Cristo que hay dentro de nosotros, de tu mente superconsciente, donde no hay cargas ni batallas. Las dudas y
temores, las imágenes negativas están en el subconsciente. Hace algunos años, cuando regresaba de California, lo
hice en avión. En las alturas, experimenté una sensación
de la más pura imparcialidad. A una altura tan elevada
nos sentimos en paz con nosotros mismos y con todo el
mundo. En las alturas, los campos siempre son blancos
con las cosechas. Sólo las emociones te impiden recoger
la cosecha de tu éxito, felicidad y abundancia. Leemos
en la Biblia: «Te restauraré los años que se han comido
las langostas». Bien podríamos parafrasear y decir: «Te
restauraré los años que te han arruinado las emociones».
Las personas se sienten agobiadas por dudas y temores,
por la posibilidad de encontrar fracaso, desgracia y enfermedad.

Leo en un periódico que se están empezando a reconocer y comprender, en general, las leyes de la mente. Se ha descubierto que el temor al fracaso es el mayor de todos los temores, y que al menos el setenta y cinco por ciento de todos los examinados psicológicamente experimentan este temor al fracaso. Naturalmente, eso puede referirse al temor al fracaso en la salud, los negocios, las finanzas, el amor, el éxito, etc. Otros temores importantes son el temor a la oscuridad, el temor a ser malentendidos, mientras que otras personas temen perder control mental. El temor constante y continuado afecta a las glándulas, interfiere con la digestión y suele estar asociado con síntomas nerviosos agobiantes. Priva al cuerpo de la salud, y destruye la felicidad.

El temor es el peor enemigo del hombre, pues es el hombre el que atrae su propio temor. El temor es como la fe vuelta del revés. Es realmente fe en el mal en lugar de tenerla en el bien. «¿Por qué teméis, hombres de poca fe?» La mente sin temor, inconmovible, atrae el bien hacia sí misma. Sea cual fuere tu deseo o necesidad, ya está en tu camino. «Responderé antes de que me llames.»

Supongamos que parafraseáramos las escrituras y dijéramos: «Sea cual fuere tu deseo o necesidad, ya está plantado en tu camino». A menudo, añadir una nueva palabra sirve para que te des cuenta repentina del significado. Si necesitas alguna información, se te dará. Una amiga me habló de este funcionamiento sorprendente de la ley. Estaba traduciendo un antiguo manuscrito italiano sobre la vida de una antiguo gobernante persa. Se preguntaba por qué razón el editor retrasaba la publicación de ese libro, ya que ningún otro libro se había publicado en inglés sobre ese tema. Una noche, estaba cenando en un local de servicio automático. Entabló conversación con un hombre sentado a la misma mesa. Ella le habló del trabajo que estaba realizando y de la traducción del antiguo manuscrito italiano. De repente, el hombre le ofreció voluntariamente la siguiente información: «Le resultará muy difícil publicarlo porque las ideas de ese gobernante persa entran en conflicto con las ideas del gobierno actual». El hombre en cuestión era un estudiante y erudito, y sabía más que ella sobre el tema. La pregunta que ella se había planteado quedó así contestada en aquel local. Habitualmente, esa clase de información sólo podría obtenerse buscando en los archivos de alguna biblioteca pública. Dios realiza sus obras en lugares inesperados. Ella se había preocupado por el tema, pero en un momento en que se sintió pacífica, feliz y despreocupada, la información le llegó como un barco que navegara por aguas tranquilas.

«Nuestros pies estarán dentro de tus puertas, oh, Jerusalén.» En este caso, Jerusalén es sinónimo de paz y los pies son el entendimiento. Así pues, el entendimiento siempre nos lleva dentro de las puertas de la paz. ¿Cómo puede una persona alcanzar la paz cuando toda su vida se encuentra sumida en la confusión? Simplemente, haciendo una afirmación. No puedes controlar tus pensamientos, pero sí puedes controlar tus palabras y finalmente es la palabra la que termina por ganar. La mayoría de la gente ha atraído hacia sí condiciones faltas de armonía porque se han dedicado a librar sus batallas y a llevar sus cargas. Tenemos que aprender a dejar libre el camino de Dios para que Él pueda armonizar o ajustar la situación. La palabra «armonizar» es muy buena, pues he visto lugares desordenados que han sido ordenados, y en los que se han hecho ajustes que ninguna mente humana habría creído posibles. Todo aquello que se permite el reino es tuyo, siempre y cuando des vía libre a la Inteligencia Infinita, pues ella es la que ya ha suministrado una abundancia exuberante para cada demanda. Pero hay que confiar plenamente en ella. Si dudas o temes, pierdes el contacto con la fuerza suprema. Así pues, si estás llenos de dudas y temores, es necesario hacer algo para demostrar tu fe. «La fe sin obras (o acción) está muerta.» La fe activa impresiona el subconsciente con expectación y mantienes el contacto con la Inteligencia Universal. Del mismo modo que Wall Street vigila el mercado, nosotros también tenemos que vigilar el mercado de nuestra fe. A menudo, el mercado de la fe está en horas bajas. A veces, desciende y desciende hasta que se produce una depresión: alguna situación desgraciada que podríamos haber evitado. Nos damos cuenta entonces de que seguimos a la razón, en lugar de seguir a la intuición.

Una mujer me dijo cómo tuvo varias iniciativas definitivas para no seguir un determinado curso de acción. A pesar de ello, hizo caso de su mente razonadora y de ello se derivó una gran infelicidad. La intuición es nuestra guía infalible. Practícala siguiendo tu intuición en pequeñas cosas, y entonces aprenderás a confiar en las grandes cosas. Tengo una amiga que es muy intuitiva. A veces, me llama y me dice: «Acabo de tener el presentimiento de que debía llamarte, así que te llamo para saber si ocurre algo». Invariablemente, siempre tengo alguna cosa que encargarle.

Vivimos, de hecho, vidas mágicas, guiados, protegidos y cuidados. Todo temor debería ser desterrado para siempre, al darnos cuenta de que este extraño sistema de la Universal ya se ha ocupado del hombre. El hombre no debería dejarse conmover por las apariencias adversas, al saber, como sabían los antiguos hebreos, que «Yahvé marcha antes y toda batalla es ganada».

Una amiga me contó una historia muy interesante. Un hombre que trabajaba en la industria del papel, en Kalamazoo, Michigan, había regalado mil ejemplares de mis libros a sus empleados. Entró en el negocio con un capital muy pequeño y abandonó todo juicio frío y razonamiento. A partir de ahí ha creado un negocio de doce millones de dólares, dejándose guiar por sus impulsos y presentimientos. Ahora, todos sus trabajadores tienen un conocimiento de la ley metafísica.

Otro hombre que creó su negocio sobre la ley del dar y recibir, se encontró con el mismo éxito extraordinario. Llegó a Filadelfia con un poco de dinero y compró una revista, una vieja publicación. Su deseo consistía en ofrecer a la gente mucho a cambio de un precio muy bajo. Creía en la ley del dar. La suya demostró ser una de las revistas más populares. Ofreció al público lo mejor en forma de historias e ilustraciones, y pagó bien por ellas. Cuanto más ofrecía, tanto más recibía, y los millones entraron a raudales. «Haya paz en tus muros, en tus palacios calma.» La paz y la prosperidad van cogidas de la mano. «Gran paz tienen aquellos que aman. Tu ley y nada les ofenderá.» Esta ley es la de la no resistencia. «No te resistas al mal, supera el mal con el bien.» Transforma todo fracaso en éxito, toda escasez en abundancia, y toda discordia en paz.

6. Tu gran oportunidad

Sólo tienes un juez: tu palabra. Jesucristo dijo: «En verdad os digo que cada palabra ociosa que pronuncian los hombres tendrán que dar cuenta de ella en el día del juicio, pues por tu palabra serás justificado, y por tu palabra serás condenado».

Cada día es un día del Juicio. Antes se nos enseñaba que eso sería el fin del mundo. Mira retrospectivamente tu propia vida y observa cómo has atraído o la felicidad o la desgracia a través de tus palabras. El subconsciente no tiene sentido del humor. La gente bromea destructivamente sobre sí misma, y el subconsciente se lo toma muy en serio. Ello se debe a que la imagen mental que te hiciste mientras hablaba ha quedado impresa en el subconsciente y se refleja en lo externo. Una persona que conozca el poder de la palabra lleva mucho cuidado en sus conversaciones. Sólo tiene que observar la reacción que producen sus palabras para saber que no vuelven hacia él de vacío. Las personas cometen sus peores errores al hablar cuando se sienten encolerizadas o resentidas, porque hay muchos malos sentimientos en lo que dicen. Debido al poder vibratorio de las palabras, aquello que dices es precisamente lo que atraerás hacia ti. Las personas que hablan continuamente de enfermedad, atraen invariablemente la enfermedad.

Hay fuerzas invisibles que actúan continuamente para el hombre, que es siempre el que tira de los hilos, aunque no lo sabe. Leemos en la Biblia que «la vida y la muerte están en el poder de la lengua». Y, sin embargo, la mayoría de la gente habla destructivamente desde la mañana hasta la noche. Ello se debe a que se han formado el hábito de la crítica, la condena y la queja y se sienten ávidos por contarte sus desgracias y lo mezquinos que son sus parientes. Acaban agotando a sus amigos, y la gente evita a esas personas. Hablan de sí mismas sumidas en un montón de problemas. Ahora que conocemos el poder de la palabra, ¿por qué no aprovecharlo? Nos aprovechamos de las ventajas que nos ofrece la radio, el teléfono y los aviones, pero vivimos con los que salpican continuamente su conversación de problemas.

Ahora, la ciencia y la religión empiezan a acercarse. La ciencia está descubriendo el poder que hay dentro del átomo; la metafísica enseña el poder que hay en los pensamientos y en las palabras. Al tratar con las palabras, estamos manejando dinamita. ¡Piensa en el poder de la palabra para curar! Una palabra es pronunciada y en el cuerpo tiene lugar un cambio químico.

Una de mis amigas estaba gravemente enferma. El médico dijo que tenía bronquitis crónica y que estaba a punto de contraer una neumonía. Sus hijas y el médico la hicieron acostarse en seguida y llamaron a una enfermera, pero transcurrieron las semanas y no se produjo ninguna mejoría. Era una estudiante de la Verdad, pero durante más de un año no había asistido a ninguna reunión, ni había seguido con sus lecturas. Una mañana, me llamó por teléfono y me dijo: «Por favor, te ruego que me hables con la Palabra y me saques de esto. Ya no lo puedo soportar por más tiempo. No estoy enferma, sino sólo asqueada. Hay demasiadas conversaciones y pensamientos negativos que afluyen hacia mí». A través de la palabra hablada y de su propia afirmación de la Verdad, se produjo una mejoría inmediata. Ella tuvo el fuerte presentimiento de que debía salir, y se le dijo que eso sería peligroso, pero en esta ocasión seguía la guía divina. Salió y me visitó y me dijo que al día siguiente asistiría a un almuerzo. ¿Qué había ocurrido? Las palabras de la Verdad estaban produciendo un cambio en su mente, mientras que, como consecuencia de ello, se estaba produciendo un cambio químico en su cuerpo. Se nos dice que si creemos, que si nunca dudamos, podemos decirle a la montaña: «Muévete», y ésta desaparecerá en el mar.

La energía inagotable del hombre se libera mediante la buena voluntad. Un hombre libre de todo temor, que no se deje perturbar por las apariencias, que envíe buena voluntad hacia los hombres y naciones, podría decirle a estas montañas del odio y la guerra: «Muévete», y regresarían a la nada original de la que proceden.

El resentimiento y la intolerancia privan al hombre de su poder. Deberíamos poner carteles en las estaciones de metro y en las tiendas que dijeran: «¡Vigila tus pensamientos!», «¡Vigila tus palabras!»

Llevemos ahora cuidado al dirigir esta fuerza dinámica que tenemos dentro. Dirijámosla a la curación, a la bendición y a la prosperidad, en oleadas de bien que abarquen a todo el mundo. Allá va una fuerza poderosa pero que no hace ningún ruido. El pensamiento, que es el poder más fuerte existente en el universo, no produce ningún sonido. Tu buena voluntad arrolla todos los obstáculos, los aparta de tu camino y el deseo de tu corazón queda liberado para ti.

¿Qué es realmente tuyo? La respuesta es: «Todo lo que te permite el reino es tuyo». Se te promete todo deseo justo de tu corazón. Hay tres mil promesas en la Biblia, pero esos dones sólo podemos recibirlos si somos capaces de creer que son posibles, pues todo procede de ti mismo, no te llega desde fuera. Toda vida es vibración. Siéntete rico, y atraerás riquezas. Siente el éxito y alcanzarás el éxito.

Conocí a un niño pequeño que nació en un pequeño pueblo rural sin ninguna ventaja, pero que siempre se sintió con éxito; tenía la convicción de que cuando creciera llegaría a ser un gran artista. Nadie pudo desanimarle porque él mismo era un éxito; sólo tenía pensamientos relacionados con el éxito, irradiaba éxito. A una edad bastante temprana, abandonó su pueblo y se marchó a una gran ciudad donde, para mantenerse, consiguió trabajo como artista en un periódico, todo eso sin ninguna preparación previa. Nunca se le ocurrió pensar que aquello no pudiera hacerse. Acudió a una escuela de arte y se convirtió inmediatamente en una luz que brillaba por sí misma. Nunca estudió de una forma académica. Todo aquello que veía una sola vez, lo recordaba. Al cabo de unos pocos años, se instaló en otra ciudad todavía más grande y se convirtió en un artista muy conocido. Este éxito lo consiguió porque siempre había contemplado el éxito. «Te daré la tierra que buscas.»

A los hijos de Israel se les dijo que podrían tener toda la tierra que fueran capaces de ver. La Biblia es un libro metafísico que va dirigido al individuo. En este mismo momento nos dice a cada uno de nosotros: «Te daré la tierra que buscas». Así pues, ¿qué ves con tu ojo interior? ¿Qué imágenes estás invitando a entrar en tu vida? A la facultad de la imaginación se la ha denominado las tijeras de la mente. Si tienes pensamientos de fracaso, inviértelos y transfórmalos en pensamientos de éxito. Eso parece fácil de hacer, pero lo cierto es que cuando un pensamiento de fracaso se ha convertido en un hábito, se necesita una vigilancia continua para desalojarlo. Es entonces cuando se necesita asumir una afirmación poderosa. No siempre puedes controlar tus pensamientos, pero sí puedes controlar tus palabras y es finalmente la palabra la que impresiona al subconsciente y termina por ganar.

Si te encuentras en un estado mental negativo, hazte la siguiente afirmación: «¡Contemplo maravillado aquello que está delante de mí!». Eso crea la expectativa de algo maravilloso, y entonces algo maravilloso te ocurrirá. Cultiva aquellos sentimientos que más fácilmente permitan el paso de milagros y maravillas. Cultiva una expectativa de éxito.

Son pocas las personas que dan vida a lo que es justamente suyo. Viven en las afueras de los deseos de su corazón. Para ellas, todas las cosas parecen demasiado buenas como para ser ciertas. En cambio, para la persona espiritualmente despierta, nada es demasiado bueno para ser cierto.

Si deseas oír hablar a personas que todavía se hallan dormidas en un sueño adánico, ve a una peluquería. El sueño adánico es la ilusión de los opuestos. Adán cayó sumido en un profundo sueño tras haber comido del árbol de la ilusión. Naturalmente, Adán se refiere al hombre genérico, al hombre-raza. El hombre raza imaginó vanamente pérdida, escasez, fracaso, pecado, enfermedad y muerte. El hombre despierto sólo conoce un poder, el

52

de Dios, y una sola condición, el bien. Pero regresemos ahora a la peluquería. Lo siguiente es una cita exacta de un buen ejemplo de los que se oyen con frecuencia en esta clase de establecimientos: una mujer se sentó cerca de mí y me dijo en voz alta: «¡En este lugar hace demasiado calor! Habría que encender algo o abrir algo». La dependiente le dijo: «¿Cómo se siente hoy, señora S?». Ella contestó con un fuerte suspiro: «Oh, estoy bastante bien, aunque me resulta muy difícil mantenerme así». A la manicura le preguntó: «¿Por qué no te pones gafas?». La joven respondió: «No necesito gafas, ¿por qué debería ponérmelas?», a lo que la mujer replicó: «Porque todo el mundo las lleva. Seguramente descubrirás que tienes algo mal en los ojos si te los haces examinar». Cuando finalmente se marchó, todo el mundo se sintió lánguido, preguntándose si realmente se sentía bien, o sólo lo parecía. Esta mujer dejó tras de si un rastro de recelo y penumbra. Esto no es más que un ejemplo de lo que se suele oír casi todos los días, de la forma con la que suele hablar la mayoría de la gente. Resulta extraño, sobre todo cuando se conoce el poder de la palabra y de lo que ésta es capaz de atraer, pues en casi todas las conversaciones se habla de enfermedades y operaciones.

Te combinas con aquello que llama tu atención, así que procura no describir nada destructivo, pues entonces empezarás a combinarte con ello.

¿Qué es realmente tuyo? Las bendiciones que atraes hacia ti mismo, a través de tu palabra hablada o silenciosa; aquellas cosas que ves con tu ojo interior. Sólo tus dudas, temores y resentimientos impiden que el bien acuda a ti. Si detestas o experimentas resentimiento ante una situación, no harás sino acelerarla, atraer precisamente aquello que temes o detestas. Por ejemplo, alguien ha

53

sido injusto contigo y te sientes lleno de cólera y resentimiento. No puedes perdonar a esa persona. El tiempo transcurre y otra persona te hace lo mismo. Eso es debido a que te has grabado en el subconsciente una imagen de injusticia. La historia se repetirá hasta que llegas a pensar que has sido maldecido por la desgracia y la injusticia. Sólo hay una forma de neutralizarlo. Muéstrate absolutamente imperturbable ante la injusticia y envía buena voluntad a todos aquellos que te rodean. «Mi buena voluntad es una poderosa torre que me rodea. Ahora transformo a todos los enemigos en amigos, toda la ausencia de armonía en armonía, toda injusticia en justicia.» Te asombrarás al ver cómo funciona la ley. Gracias a esta afirmación, una estudiante puso armonía en el caos en que se habían convertido sus asuntos de negocios.

No mires atrás ni te dejes abrumar por los tiempos duros, ya que en tal caso volverás a esas condiciones. Da cada día las gracias por el nuevo amanecer. Tienes que ser inmune al desaliento y a las apariencias adversas.

Todo aquello que deseas o necesitas se encuentra ya en tu camino, pero tienes que estar plenamente despierto a tu bien, para lograr que éste termine por manifestarse. Después de hacer afirmaciones de Verdad, tendrás repentinamente una visión fugaz de realización. De pronto, te verás en un nuevo ambiente. Sentirás cómo desaparecen las viejas condiciones negativas. En cierta ocasión le dije a una mujer: «Los muros de la escasez y la decadencia se desmoronan ahora y entras en tu propia tierra prometida, la de la gracia». Ella dijo que tuvo una visión fugaz de un muro que se desmoronaba y que ella misma pasaba al otro lado, sobre los restos. Poco después de eso se produjo el cambio y ella entró realmente en la tierra prometida de la abundancia.

Conocí a una mujer que tenía una hija cuyo deseo era formar un hogar y tener un esposo. En su primera juventud pasó por un compromiso roto. Cada vez que un posible matrimonio aparecía en el horizonte, se ponía frenética, llena de temores y recelos, y se imaginaba vívidamente otra desilusión, hasta que experimentó varias de ellas. Su madre acudió a mí para que le hablara la palabra de su matrimonio correcto, divinamente diseñado, como algo en lo que nadie podría interferir. Durante la entrevista, la madre no dejaba de decir: «¡Pobre Nellie! ¡Pobre Nellie!». Hasta que finalmente, le dije: «No vuelvas a nombrar a tu hija diciendo "Pobre Nellie". Llámala "Afortunada Nellie", pues tienes que tener fe en que Dios le ofrece ahora el cumplimiento de los deseos de su corazón». La madre y la hija persistieron en hacer sus afirmaciones. Ahora, la hija ha cumplido con su destino, ya que se ha convertido en la señora Nellie, y el demonio del temor se ha disuelto para siempre.

Hay afirmaciones maravillosas en la Biblia, que se refieren a la descomposición de las formas del pensamiento negativo. «El poder del espíritu es poderoso, incluso para desmoronar fortalezas.» La mente humana es impotente para afrontar estos pensamientos negativos. La victoria la gana el Dios que hay dentro de nosotros, la mente superconsciente.

«Por lo demás, hermanos, todo cuanto hay de verdadero, de noble, de justo, de puro, de amable, de honorable, todo cuanto sea virtud y cosa digna de elogio, todo eso tenedlo en cuenta.» (Filip. 4, 8)

Si la gente obedeciera esto, la conversación general se apagaría por un momento, hasta que la gente aprendiera a hablar sobre cosas constructivas.

7. No te angusties por nada

A lo largo de toda la Biblia se nos dice que no nos angustiemos, que no tengamos miedo, que no acumulemos o ahorremos, porque el hombre dispone de un poder invencible e invisible que satisfará todas sus necesidades. Pero también se nos dice que eso no funcionará si no creemos en ello. «Si puedes creer en este poder de Dios, todas las cosas son posibles.» A un hombre le resulta difícil creer en este poder, porque se ha entrenado en la incredulidad. «Creeré sólo aquello que vea», se supone que es la cumbre de la sabiduría. Vivíamos en un mundo de signos externos, donde creíamos que todo «simplemente sucedía». No sabíamos que por detrás de todo lo que ocurre existe siempre una causa, y que nosotros mismos poníamos en marcha la maquinaria que produce el bien o el mal en nuestro camino.

No sabíamos que las palabras y los pensamientos son como una especie de dinamita, que debe ser manejada con mucho cuidado, con sabiduría y comprensión. Expresamos hacia el éter palabras de cólera, de resentimiento y autocompasión, y luego nos preguntamos por qué es tan dura la vida.

¿Por qué no experimentar con la fe? ¿Por qué no confiar en este poder invisible de Dios y «no sentirnos angustiados por nada», sino «en todo, dar a conocer tus peticiones a Dios por medio de la oración y la acción de gracias»? ¿Podría haber algo que fuera más sencillo y directo? El hábito y la ansiedad se han convertido en eso, en hábitos. Las viejas formas de pensamiento que has construido en tu subconsciente cuelgan como percebes en el casco de un barco. Pero el barco es llevado de vez en cuando al dique seco para arrancar los percebes. Del mismo modo, tus percebes mentales tendrán que ser sometidos al mismo proceso y ser arrancados. Hallarse en el dique seco es una gran situación.

Conozco a una mujer que ha sido cobarde durante toda su vida, particularmente en todo lo relacionado con las finanzas. Andaba continuamente preocupada por el dinero. Al descubrir esta verdad, se dio cuenta de lo mucho que se había limitado a sí misma y, de repente, dio un salto gigantesco hacia la fe. Empezó a confiar en Dios y no en lo externo para cubrir sus necesidades. Siguió sus impulsos intuitivos acerca de gastar su dinero. Si alguna de las ropas que tenían la hacían sentirse pobre, las descartaba de inmediato, y se compraba algo nuevo que la hiciera sentirse rica. Tenía muy poco dinero, pero dedicaba una décima parte (el diezmo) a las buenas obras. Estaba empezando a actuar dentro de una nueva vibración. Al cabo de poco tiempo, las cosas empezaron a cambiar en el plano externo. Una mujer, que no le debía nada, sino que sólo era una vieja amiga de su familia, le dejó mil dólares. Pocos meses más tarde, le llegaron otros mil dólares. Entonces, se le abrió una gran puerta para cubrir sus necesidades, y le llegaron miles de dólares más. Ella había aprovechado el suministro invisible del Banco de lo Universal. Había mirado hacia Dios sólo para cubrir sus necesidades, y entonces se habían abierto los canales. Lo que planteo es que ella había perdido toda su angustia acerca de las cuestiones relacionadas con el dinero. Había establecido en su subconsciente la firme convicción de que su suministro procedía de Dios, y eso nunca fallaba.

El hombre es un instrumento a través del cual actúa la Inteligencia Divina. Se expresará a través de él en forma de éxito, felicidad, abundancia, salud y perfecta autoexpresión, a menos que el temor y la angustia produzcan un cortocircuito.

Si queremos encontrar ejemplos de fe sin temor, sólo tenemos que acudir al circo. Las gentes del circo realizan hazañas aparentemente imposibles porque están convencidos de que pueden hacerlo, y porque se ven a sí mismos haciéndolas. La fe significa que puedes verte a ti mismo recibiendo todas esas cosas que tanto deseas. «Te daré la tierra que ves.»

Nunca puedes hacer una cosa que no te veas haciendo tú mismo, ni podrás ocupar un espacio que no te veas ocupando tú mismo, que no visualices, o de lo que no te hagas una imagen mental (es un proceso mental y a menudo trae consigo resultados erróneos y limitados); debe ser una toma de conciencia espiritual, debes tener una sensación de que ya has estado allí, de que estás en su misma vibración.

Me sentí muy impresionada con la historia de un gran jugador de fútbol que fue el mayor atleta del mundo y que se entrenaba en una hamaca. Un día, estaba allí tumbado, tostándose al sol, cuando llegó el entrenador con lágrimas en los ojos y le dijo: «Jim, por el amor de Mike y de tu país, ¿no quieres levantarte de esa hamaca y hacer algo?». Jim abrió apenas un ojo y le contestó: «Precisamente estaba pensando en eso. Iba a enviar a buscarte». «Bien. ¿Qué quieres que haga?», le dijo el entrenador. A lo que Jim contestó: «En primer lugar, quiero que traces una marca ahí en el suelo, a veinticinco pasos de distancia». El entrenador así lo hizo. «¿Y ahora qué?», preguntó a continuación. «Eso es todo», le dijo Jim y volvió a cerrar los ojos y continuó balanceándose felizmente en la hamaca. Al cabo de unos cinco minutos abrió de nuevo los ojos y miró la marca trazada en el suelo durante unos pocos segundos, y luego los volvió a cerrar. «¿Cuál es el propósito de todo esto? ¿Qué estás haciendo?», le preguntó finalmente el entrenador. Jim lo miró con una expresión de reproche y contestó: «Estoy practicando el salto largo». Efectuaba todo su entrenamiento en la hamaca: se veía a sí mismo realizando el salto largo.

Sin la visión, mi pueblo perecerá en la escasez y la limitación. Es posible que trabajes muy duro en lo externo y que no consigas nada si no tienes una visión. La visión significa ver con claridad hacia dónde vas. La visión significa mantener la mirada fija en el objetivo. Eso es lo que han hecho todos los hombres que han conseguido grandes cosas.

James J. Hill, que construyó el Gran Ferrocarril del Norte, dijo antes de que se tendiera una vía férrea que oía en su oído interno el ruido de los trenes y el silbido de las locomotoras. Tuvo que superar numerosos obstáculos, pero su visión era tan clara que le poseía. Una cosa a su favor fue que su esposa creía en él. Se dice que se necesitan dos para que un sueño se convierta en realidad.

Henry Ford, al hablar de su suegra, dijo que era una mujer exquisita: «Creyó en mí».

«Cuando dos de vosotros se ponen de acuerdo, se hará.» Si crees en ti mismo, también otros creerán en ti. Al creer en ti mismo y en el poder de Dios que hay en ti, desaparecerán el temor y la ansiedad. Establecerás entonces la vibración de la seguridad. Esto es cierto para una persona intuitiva. Cada movimiento se hace bajo la guía divina, que nunca viola un «presentimiento». Por lo tanto, siempre está en el lugar correcto y en el momento adecuado. No obstante, a menudo se necesita un gran valor para seguir la intuición. Se necesita ser un vikingo, que no tiene miedo, para navegar por mares desconocidos. Claude Bragdon dice: «Vivir intuitivamente es vivir en la cuarta dimensión». Los caminos mágicos te permiten abandonar la tierra de Egipto, salir de la casa del cautiverio. Eso es algo muy valioso en los negocios.

No sometas nunca un presentimiento a alguien en el plano del razonamiento. Aquellos que tengan oídos para escuchar, deja que oigan sus impulsos intuitivos, y obedécelos al instante.

«Todo aquello que le pidas a Dios, Dios te lo concederá.» Esto es cierto para cada uno de nosotros. Pero si no hemos recibido todas las bendiciones de la vida, es porque hemos descuidado pedir, o no hemos pedido correctamente. La Biblia enseña la ley espiritual y tenemos que estudiarla y usarla desde todos los ángulos, para poner en movimiento la gran maquinaria del pedir y recibir. Cada máquina debe ser engrasada y aceitada para que se mantengan en buen funcionamiento. La fe activa y la expectación mantienen en perfecto orden la máquina de pedir y recibir. Los siguientes son algunos de los lubricantes que la mantendrán en funcionamiento. «Cuando rezas, cree que ya lo tienes.» «No te muestres angustiado por nada.» «Quédate quieto y busca la salvación del Señor». «No limites al Santo de Israel.» El darse cuenta de algo es manifestarlo.

Reza con alabanza y acción de gracias. Algunas personas rezan llenas de cólera y resentimiento. Una mujer me escribió el otro día para decirme: «Acabo de tener una buena conversación con Dios y le he dicho precisamente lo que Él debería hacer al respecto». Esta mujer tenía la costumbre de dar órdenes a la gente que le rodeaba, y miraba a Dios como alguien a quien pudiera intimidar para que hiciera algo por ella. Dios es la Inteligencia Suprema que hay en cada uno de nosotros, que somos los canales a través de los cuales se expresa. No tenemos que oponer resistencia, tenemos que ser dignos y pacíficos, y esperar a que nos llegue nuestro bien. Somos receptores, Dios es el que nos da y nosotros tenemos que crear sus propios canales. Me parece que es todo un arte el rezar correctamente. Dios tiene derecho a encontrar un camino, su camino, no el nuestro. En el momento en que planteas una demanda, la Inteligencia Infinita sabe la forma de satisfacerla. Si eres tú quien decide cómo ha de contestarse tu oración, habrás bloqueado el canal diseñado divinamente. Entonces, es muy probable que digas: «Nunca se contestan mis oraciones». Debemos adquirir una técnica y enviar un deseo sincero, que es la oración. Nos vemos libres de toda presión o ansiedad cuando decimos: «Si esto está de acuerdo con el plan divino, lo recibiré; si no, dame lo que sea equivalente». Lleva cuidado de no forzar nada que no haya sido divinamente planeado.

Tenemos que saber que, vinculados con el poder de Dios, nada puede derrotarnos. «Las formas de Dios son ingeniosas. Sus métodos son seguros.»

Dos de los salmos más hermosos son el veintitrés y el

61

ciento veintiuno. Ambos nos transmiten un sentimiento de seguridad absoluta y sin duda fueron escritos por un hombre que había experimentado el funcionamiento de la ley espiritual.

El Dios que hay dentro de nosotros protege, guía y ofrece cuando confiamos plenamente en él. La mayoría de la gente pierde lo que tiene a través del temor a la pérdida; toman todas las precauciones ante lo externo, y no confían en la protección del «Ojo que vigila sobre Israel». Pon todo aquello que ames bajo la ley de la protección divina.

La parte más importante de la manifestación es demostrar una fe sin temor. «Iré delan de ti y enderezaré los lugares tortuosos. Romperé a trozos las puertas de latón y hendiré las barras de hierro.»Las «puertas de latón» y las «barras de hierro» son tus propias dudas, temores, resentimientos y ansiedades. Las puertas de latón y las barras de hierro las hemos construido nosotros mismos, y proceden de nuestra propia y vana imaginación, de nuestra creencia en el mal. Hay una historia sobre una manada de elefantes salvajes que se vieron acorralados en un lugar cerrado, pero los hombres no tenían forma de mantenerlos dentro, así que hundieron estacas en la tierra y rodearon el recinto con una cuerda. Los elefantes creyeron que no podían salir de allí. Podrían haber arrollado la cuerda y haber salido, pero tuvieron la ilusión de que la cuerda los mantenía a todos dentro. Lo mismo sucede con la gente: la duda y el temor son como una cuerda que se extiende alrededor de sus conciencias, y que les imposibilita salir hacia el pensamiento claro.

La visión clara es como un hombre con un compás: sabía hacia dónde se dirige. Deja que la intuición sea tu compás y siempre te guiará y te permitirá salir de entre los bosques. Incluso un hombre sin compás, conducido por la intuición, encontrará su camino para salir de la jungla, o será capaz de dirigir un barco en alta mar. La intuición te dirá que camines sobre una cuerda. Resulta extraño observar cómo la gente ha pasado por alto su facultad más importante: la intuición. En el camino del hombre siempre hay un mensaje o iniciativa. A menudo, nuestras iniciativas parecen triviales y estúpidas. Una persona que se dejara guiar puramente por el plano intelectual las despreciaría en seguida, pero el estudiante de la Verdad siempre aplica el oído espiritual al terreno espiritual, sabiendo que recibe órdenes desde el Infinito. La Biblia habla de «la pequeña voz serena». Es una voz que, en realidad, no es una voz, aunque a veces en el oído interno se registran verdaderas palabras.

Cuando solicitamos guía y dejamos de lado la mente razonadora, estamos aprovechando el suministro universal de todo el conocimiento; cualquier cosa que te sea necesario conocer te será revelada. Algunas personas son naturalmente intuitivas y siempre están en contacto con la Inteligencia Universal, pero al hacer una afirmacioón establecemos un contacto consciente. La oración es como llamar por teléfono a Dios, y la intuición es como si Dios te llamara por teléfono a ti. Muchas personas tienen una «línea ocupada» cuando Dios las llama por teléfono, y no reciben el mensaje. Tu línea está «ocupada» cuando te sientes desanimado, colérico o resentido. Habrás oído alguna vez la expresión: «Estaba tan enfadado que ni siquiera escuchaba lo que se le decía». Tus emociones negativas ahogan la voz de la intuición.

Cuando te sientes desanimado, colérico o resentido, es el momento de hacer una afirmación de la Verdad, con objeto de salir del bosque de la desesperación y la limitación, pues «aquel que llame en el nombre del Señor, será atendido». Hay una forma de salir: «Revélame el camino».

Tenemos que dejar de planificar, confabular e intrigar y dejar que sea la Inteligencia Infinita la que solucione el problema a su propia manera. El poder de Dios es sutil, silencioso e irresistible. Es capaz de mover montañas y de llenar los valles, y no conoce la derrota. Nuestro papel consiste en prepararnos para nuestras bendiciones, y en seguir nuestras iniciativas intuitivas.

Ahora, dejamos el camino libre para la Inteligencia Infinita.

8. Intrepidez

«¿Por qué teméis, hombres de poca fe?»

A lo largo de toda la Biblia se le dice al hombre que no tenga miedo. El temor es el único enemigo del hombre. Es fe vuelta del revés. Jesucristo dijo: «¿Por qué teméis, hombres de poca fe?». Si eres capaz de creer, todas las cosas son posibles. Vinculado con el poder de Dios, el hombre es invencible. La historia de Josafat es la historia del individuo. A menudo se ve superado por las circunstancias aparentemente adversas, pero al mismo tiempo oye la voz del Infinito que le dice: «No temáis ni os asustéis ante esa gran muchedumbre; porque esta guerra no es vuestra sino de Dios». A Josafat y su ejército se les dijo incluso que no tendrían necesidad de combatir para ganar una batalla. «Apostaos y quedaos quietos y veréis la salvación del Señor», pues la batalla era la de Dios, no la de ellos. Josafat nombró a cantores para que alabaran al Señor la belleza de la santidad y que fueran delante del ejército, cantando: «Alabad al Señor porque es eterno su amor». Cuando llegaron ante la atalaya levantada en el desierto miraron hacia la multitud y vieron que estaban todos muertos. El propio enemigo se había destruido a sí mismo. No quedaba nada contra lo que luchar. La Biblia habla de estados de conciencia. Tus enemigos son tus propias dudas y temores, tus críticas y resentimientos. Cada pensamiento negativo es un enemigo. Quizá te veas sobrepasado por las apariencias adversas, pero no temas ni te dejes desanimar por razón de esa gran multitud, pues la guerra no es tuya, sino de Dios.

Al seguir atentamente la historia de Josafat vemos que avanza haciendo una afirmación: «Alabad al Señor, porque es eterno su amor». No tenía nada que decir sobre el enemigo o su propia falta de fortaleza. Dirigía toda su atención hacia el Señor, y cuando empezó a cantar y expresar alabanzas, el Señor tendió emboscadas contra sus enemigos y fueron aniquilados. Al hacer tus propias afirmaciones de Verdad, vences sobre tus pensamientos enemigos, que se disuelven y disipan y, por lo tanto, desaparecen todas las apariencias adversas. Cuando Josafat y su ejército avanzaron hacia la atalaya en el desierto, miraron hacia la multitud y se dieron cuenta de que estaban todos muertos. La atalaya en el desierto es tu elevado estado de conciencia, tu fe intrépida, tu lugar de seguridad. Allí, te elevas por encima de todas las condiciones adversas, y la batalla de Dios está ganada.

«Cuando Josafat y su pueblo fueron a saquear los despojos del enemigo, hallaron mucho ganado, riquezas y vestidos y objetos preciosos, y recogieron tanto que no lo podían llevar. Emplearon tres días en saquear el botín, porque era abundante.» Eso significa que cuando dejas que Dios gane la batalla por ti, grandes bendiciones se derivarán de cada situación adversa. «Pues tu Dios convertirá la maldición en una bendición, pues el Señor, tu Dios, te ama.» El ingenio del espíritu es extraordinario. Es inteligencia pura y no admite interferencia alguna en sus planes. A la persona corriente le resulta muy difícil «quedarse quieta», lo que significa mantener la serenidad y dejar que la Inteligencia Infinita se haga cargo de la situación. A la gente le gusta precipitarse a la batalla y tratar de manejar las cosas por sí mismos, lo que no hace sino traer consigo derrota y fracaso. «No tendréis que pelear en esta ocasión. Apostaos y quedaos quietos, y veréis la salvación de Yahveh que vendrá sobre vosotros... ¡No temáis ni os asustéis! Salid mañana al encuentro de ellos, pues Yahveh estará con vosotros.» Eso significa que no hay que huir ante la situación, sino afrontarla sin temor y enfrentarse al león que se cruza en tu camino, y el león se transformará en manso. El león adquiere su fiereza a partir de tu propio temor. Un gran poeta ha dicho: «El valor tiene genio, magia y poder».

Daniel no tuvo miedo y las fauces de los leones permanecieron cerradas. El rey Darío llamó a Daniel mientras éste estaba todavía en el foso de los leones, y le preguntó si Dios podía salvarle de los leones, a lo que Daniel contestó: «¡Viva el rey eternamente! Mi Dios ha enviado a su ángel, que ha cerrado la boca de los leones y no me han hecho ningún mal.» Encontramos en esta historia la actitud sometida de los leones como resultado del poder espiritual; todo el grupo cambió y pasó de la ferocidad a la docilidad, mientras Daniel apartó la mirada de las bestias y la dirigió hacia la luz y el poder del espíritu, lo que le salvó completamente de los leones. Apenas transcurre un solo día sin que aparezca alguna clase de león en el camino del hombre, los leones de la escasez, la limitación, el temor, la injusticia, la amenaza o el presagio. Afronta inmediatamente la situación de la que tienes miedo. Si huyes ante ella, te perseguirá siempre, y estará justo tras tus talones.

Muchas personas pierden las cosas que valoran o aman porque temen continuamente su pérdida. Hacen todo lo posible en el plano externo para asegurarse su protección, pero en el fondo de todo eso se encuentra la imagen devastadora del temor. Con objeto de conservar las cosas que valoras y amas tienes que saber que están protegidas divinamente y, en consecuencia, nada puede hacerles daño. Doy el ejemplo de una mujer a la que le gustaba un hombre que era muy atractivo y popular entre las mujeres. Ella decidió impedir que él conociera a una mujer en particular, porque estaba segura de que la otra haría todos los esfuerzos posibles por «ahuyentarla». Una noche, ella acudió al teatro y allí vio al hombre con aquella otra mujer. Se habían conocido durante una partida de cartas.

Los temores de esta mujer habían atraído realmente la situación. Conocí a otra que había tenido varios hijos. Sabía que todos ellos estaban divinamente protegidos y todos ellos crecieron sanos y salvos. Un buen día, una vecina se precipitó a su casa y le dijo: «Será mejor que llames a tus hijos, porque se están subiendo y bajando de los árboles y van a caerse y hacerse daño». Mi amiga contestó: «Oh, sólo juegan a subirse a los árboles. No los mires, y nada les ocurrirá». Lo mismo que hizo Daniel, ella también le dio la espalda a la situación y dejó que Dios se ocupara de ella.

La persona corriente es un resentido, un resistente o alguien que se lamenta. Se muestran resentidos con las personas que conocen y con las que no conocen. Se resisten a todo desde que amanece el día. Lamentan lo que hicieron y lo que no hicieron. Es muy agotador estar en compañía de estas personas, que llegan a agotar a todos sus amigos. Ello se debe a que no viven en el maravilloso ahora, y a que pierden todas las oportunidades que se les presentan en el juego de la vida.

Es celestial no tener miedo y vivir plenamente en el ahora; es decir, ser intrépidos en el uso de lo que tenemos, sabiendo que llegará a nosotros la abundancia de las esferas. Sabemos que la fe intrépida y la palabra hablada proporcionan esa abundancia. El poder de la palabra ya fue conocido en Egipto, hace miles de años.

Leemos en la Biblia: «¡Haré todas las cosas nuevas!». Mediante nuestras palabras de Verdad podemos hacer nuevas nuestras mentes, cuerpos y asuntos. Cuando extirpamos de nosotros toda sensación de temor, llevamos vidas verdaderamente mágicas. Lo mismo que Josafat, avanzamos sin miedo, cantando: «Alabad al Señor, porque es eterno su amor». En nuestra atalaya de elevada conciencia, permanecemos quietos y asistimos a la salvación del Señor.

El cristianismo se fundamenta en la fe. La fe proporciona a la persona una sublime seguridad sobre su propio bien. Puede una hallarse rodeada por apariencias adversas, pero esa sublime seguridad impresiona a la mente subconsciente y se abre entonces un camino para la manifestación de la salud, la riqueza y la felicidad. Hay un suministro infinito e invisible para cada hombre. «Antes de llamar seréis contestados.» Ese suministro sólo espera a quedar liberado por medio de la fe y de la palabra hablada. Descubrimos así que lo que enseñó Jesucristo fue una ciencia exacta.

En la Feria Mundial había un panorama de la ciudad de Nueva York en el Edificio Edison. Al atardecer, cuando se encendían las luces, los edificios mostraban una miríada de luces; el hombre que explicaba la exposición dijo: «La ciudad es iluminada por el poder de la electricidad con la simple vuelta de un conmutador, con sólo girar una mano». Edison fue el hombre que tuvo fe en las leyes de la electricidad. Sabía lo que podía hacerse con ella si se la lograba dominar y dirigir. Parecía tener inteligencia propia. Creó una dinamo por medio de la cual pudiera funcionar, después de años de paciencia y de entrega cariñosa a su trabajo. Ahora, ese poder ilumina el mundo, pues ha sido dominado y dirigido.

Jesucristo enseñó al hombre a dominar y dirigir el pensamiento. Sabía que el temor era tan peligroso como fuerzas eléctricas incontroladas. Las palabras y los pensamientos tienen que manejarse con sabiduría y comprensión. La imaginación es el taller del hombre, y una imaginación que se desboca y crea imágenes de temor es tan segura como montar sobre un toro desbocado.

Hemos nacido y crecido en una era de duda y temor. Se nos dijo que la época de los milagros había pasado y que cabía esperar lo peor. La gente solía reírse de los optimistas. Un comentario chistoso decía: «Un pesimista es una persona que vive con un optimista». «Come primero las manzanas con manchas» era una idea considerada como la cúspide de la sabiduría. No parecían darse cuenta de que al seguir este consejo jamás llegarían a comerse las manzanas buenas, pues ya estarían manchadas para cuando llegaran a ellas.

Qué mundo tan maravilloso sería éste si se eliminara toda la angustia y el temor. Esas dos cosas, la ansiedad y el temor, han hecho a los hombres esclavos y son destructoras de la salud, la riqueza y la felicidad. Sólo hay una forma de desembarazarse del temor, y consiste en transformarlo en fe, pues el temor es lo opuesto a la fe. «¿Por qué teméis, hombres de poca fe?». Esas palabras han resonado durante siglos. Jesucristo enseñó que el Padre que hay en cada hombre es alguien en quien se puede confiar absolutamente para que nos guíe, nos proteja y nos provea cuando el hombre lo cree posible. Jesucristo demostró este poder de Dios una y otra vez, con objeto de convencer a sus seguidores. A partir de la provisión invisible fue de donde extrajo los panes y los peces, hizo levantarse a los muertos y sacó dinero de las bocas de los peces. Les dijo: «Cosas más grandes haréis vosotros, pues yo me marcho».

Sabemos que enseñaba una ciencia exacta, la ciencia de la mente, el poder del pensamiento y el poder de la palabra. Debemos tener fe, pues la fe registra la idea en la mente subconsciente. Y una vez que una idea queda registrada en la mente subconsciente, tiene que objetivizarla. Esta es la razón por la que Jesucristo les dijo a las gentes que si creían (es decir, si tenían fe), todas las cosas serían posibles.

¿Cómo vamos a librarnos de esta ansiedad que podríamos denominar como una «antife»? La única forma de neutralizarla consiste en afrontar aquellas cosas de las que tienes miedo.

Había un hombre que había perdido todo su dinero. Vivía en un alojamiento muy pobre y toda la gente que le rodeaba era pobre, y él tenía miedo de gastar lo poco que le quedaba, que no eran más que cinco dólares. Había intentado conseguir trabajo, pero en cada ocasión se vio rechazado. Una mañana, se despertó para afrontar otro día de escasez y desilusión, cuando de pronto se le ocurrió la idea (o tuvo el presentimiento) de que debía ir a las carreras de caballos. Le costó todo lo que le quedaba, pero se sentía encendido con la idea de ser rico y volver a tener éxito. Estaba cansado de su limitado ambiente. Así pues, gastó intrépidamente el dinero en adquirir una entrada para el hipódromo. Allí encontró a un viejo amigo, que le dijo: «¡Hola, Jim! ¿Dónde te has metido todo este tiempo?». Antes de que terminaran las carreras su viejo amigo le había ofrecido un puesto maravilloso en su empresa. Su presentimiento y su actitud intrépida hacia el dinero le había situado en una nueva vibración del éxito.

Forma el hábito de dar saltos de gigante hacia la fe. Recibirás recompensas maravillosas.

Tal como ya se ha observado, vemos extrañados a las gentes del circo que realizan hazañas verdaderamente notables. Esas personas tienen fe en que pueden ejecutar esos actos, y se ven a sí mismas realizándolos. No puedes conseguir nada si no te ves a ti mismo realizándolo. Todas esas hazañas difíciles no son más que una cuestión de serenidad y equilibrio. Tu éxito y felicidad dependen de tu serenidad y tu equilibrio. Confiar en Dios es como caminar por la cuerda floja. La duda y el temor te hacen perder el equilibrio y caer en la escasez y la limitación. Lo mismo que le ocurre al artista de circo, se necesita práctica. No importa las muchas veces que te caigas, vuelve a intentarlo. Pronto adquirirás el hábito de la serenidad y el equilibrio. Luego, el mundo será tuyo y entrarás gozosamente en tu reino. A todos los artistas de circo parece gustarles mucho su trabajo, sin que importe lo difícil que sea. La banda toca, la gente aplaude y ellos sonríen, pero recuerda que se entrenaron sin la música y los aplausos.

El ritmo, la armonía y el equilibrio son las claves para el éxito y la felicidad. Cuando no tienes ritmo, no tienes suerte.

En el cuarto capítulo de los Filipenses leemos: «No os inquietéis (o angustiéis) por nada; antes bien, en toda ocasión, presentad a Dios vuestras peticiones, mediante la oración y la súplica, acompañadas de la acción de gracias». Se trata, ciertamente, de una disposición maravillosa, que juega en favor del hombre. El hombre, libre de la preocupación y del temor, pide, con acción de gracias, y su bien se le entrega.

9. Victoria y realización

Victoria y realización son dos palabras maravillosas, y puesto que nos damos cuenta de que las palabras y los pensamientos son una forma de radiactividad, elegimos cuidadosamente las palabras que deseamos ver cristalizadas.

La vida es como un crucigrama en el que la palabra correcta te ofrece la respuesta. Muchas personas introducen palabras destructivas en su conversación. Las oímos decir: ¡Estoy arruinado! ¡Estoy enfermo! Recuerda que por tus palabras serás justificado, y que por tus palabras serás condenado. Y serás condenado por ellas porque las palabras no regresan vacías. Cambia tus palabras y cambiarás el mundo, pues tu palabra es tu mundo. Eliges tu comida y el mundo es ahora consciente de calorías. La gente ya no toma grandes cantidades de pasteles, de carne, de patatas, de empanadas y tres tazas de café para desayunar. Ahora, para mantener la silueta, comen pan tostado y zumo de naranja. Eso exige una disciplina tremenda, pero la gente trabaja para obtener unos resultados. ¿Por qué no probar una dieta de palabras correctas, puesto que estás literalmente comiéndote tus propias palabras? Ese es el valor de la afirmación. Estás formando deliberadamente una idea constructiva en tu conciencia. Tu conciencia puede verse cebada y obstruida por las ideas destructivas, pero si haces continuamente una afirmación de Verdad, esas formas de pensamiento negativo se disolverán por sí solas. Esas formas de pensamiento se han construido a partir de tu propia imaginación vana. Quizá durante tu niñez se te enseñó que la vida era dura, que la felicidad era fugaz, y que el mundo era frío y poco amistoso. Esas ideas quedaron grabadas en tu subconsciente, y así encontraste precisamente las cosas que se predijeron. Con un conocimiento de la Verdad se pueden cambiar todas estas imágenes externas, puesto que sólo se trata de imágenes, capaces de cambiar en la misma medida en que cambien las creencias de tu subconsciente.

Cuando hablo a la gente del poder de la palabra, y le digo que las palabras y los pensamientos son una forma de radiactividad y que no regresan vacías a nosotros, me dicen: «Oh, ¿es así de fácil?». A muchas personas les gustan las cosas difíciles y duras de comprender. Estoy convencida de que esa fue la razón de que las enseñanzas tan extraordinariamente sencillas de Jesucristo se olvidaran al cabo de unos pocos cientos de años. La gente construyó credos y ceremonias que sólo comprendían a medias. Ahora, en el siglo veinte, las cosas secretas se nos están revelando y volvemos a tener un cristianismo primitivo.

«Pide creyendo que recibirás.» Sabemos que nuestras creencias o expectativas quedan grabadas en el subconsciente y son llevadas a cabo. Podríamos decir: si pides, sin creer, no recibirás. La fe crea expectación.

Esta Inteligencia Infinita de la que el hombre deriva su provisión, es llamada por Jesucristo «tu Padre celestial». El Padre que hay dentro de cada uno de nosotros, lo describe como un padre amable y cariñoso, deseoso de verter todas las cosas buenas sobre sus hijos. «No temáis, pequeño rebaño, porque es buen placer de vuestro Padre el daros el reino.» Enseñó que la ley de Dios era, sencillamente, una ley de amor y buena voluntad. «Ama a tu prójimo como a ti mismo.» «No hagas a otros lo que no quieras que otros te hagan a ti.» Cualquier violación de la ley del amor produce un cortocircuito. «El camino del transgresor es duro.» Dios es la ley inmutable: «Yo soy el Señor (la ley), Yo no cambio».

Las ideas divinas son inmutables, no sujetas a cambio. Qué palabras tan maravillosas: «Inmutables, no sujetas a cambio».

Una mujer acudió a mí llena de lágrimas y presagios. Dijo que durante años se había sentido acosada por el temor de que aunque recibiera el deseo de su corazón, algo ocurriría que lo echaría a perder. Le dije la siguiente afirmación: «El plan divino de tu vida es una idea perfecta en la mente divina, incorruptible e indestructible, y no se puede echar a perder de ningún modo». Un gran peso desapareció de su conciencia. Por primera vez en muchos años esta mujer tuvo la sensación de alegría y de libertad. Conoce la Verdad, y la Verdad te dará una sensación de alegría, y pronto llegará la verdadera libertad sobre lo externo.

Esta Inteligencia Suprema es aquello en lo que se convierte el hombre cuando habla la palabra. Esta Inteligencia Suprema espera la dirección del hombre, pero debe tener el paso libre. No debe verse limitada.

La actividad divina en tu cuerpo te aporta salud. Sólo hay una única enfermedad: congestión, y una única cura: circulación. Congestión y estancamiento son una misma cosa. La gente dice: «Estoy en celo». Pues bien, una nueva idea lo sacará de él. Tenemos que salir del celo del pensamiento negativo.

La palabra entusiasmo es definida en el diccionario como «estar inspirado o poseído por un dios». El entusiasmo es fuego divino y amabilidad en los demás. Para ser un buen vendedor, tienes que demostrar entusiasmo por los artículos que vendes. Si te muestras aburrido con tu negocio o poco interesado, el fuego se apaga y nadie más se mostrará interesado.

Una mujer acudió a mí en busca de éxito para su negocio. Ella me dijo: «Tengo una tienda, pero suele estar vacía. Ni siquiera me molesto en abrirla hasta bien avanzado el día, ¿de qué me serviría hacerlo antes?». Yo le repliqué: «Realmente, no serviría de nada mientras sientas como te sientes. Eres tú la que aleja a los clientes. Muéstrate entusiasmada con aquello que tienes que vender. Entusiásmate contigo misma. Levántate temprano para abrir tu tienda y estar preparada para recibir a una gran cantidad de gente».

Al escuchar mis palabras, se sintió tocada por la expectativa divina. Regresó apresuradamente a su tienda para abrirla tan pronto como le fuera posible, y la gente ya esperaba fuera y seguía llegando durante todo el día.

A menudo, la gente me dice: «Trate a mi negocio». Y yo digo: «No, la trataré a usted, pues usted es su negocio».

Tu calidad de pensamiento penetra cada artículo que tienes a la venta y todas las condiciones relacionadas con él. Jesucristo se mostró divinamente entusiasmado con el mensaje que tenía que ofrecer al Padre que hay en cada uno de nosotros. Se mostró entusiasmado con la fe. Le dijo a la gente que todo aquello que «pidiera en su nombre», lo recibirían. Era un mensaje de dar y recibir. Les dijo cómo cumplir con la ley espiritual. «Pide, creyendo, y recibirás.» «Cuando recéis, creyendo, alcanzaréis.» «¿Por qué tenéis miedo, hombres de poca fe?»

Después de dos mil años su fuego divino vuelve a encenderse en las conciencias de los estudiantes de la Verdad. Estamos experimentando un renacimiento cristiano, un nuevo renacer, una reanimación del cristianismo. Él enseñó un principio universal, sin credos ni ceremonias. Vemos a los miembros de todas las religiones, de todas las confesiones, que acuden al movimiento de la Verdad. Eso no les aleja de su Iglesia. De hecho, muchos clérigos enseñan ahora lo que están enseñando los metafísicos, pues Jesucristo es el mayor metafísico de todos los tiempos, ya que demostró sus principios e hizo que ocurrieran milagros. Él envió adelante a sus discípulos: «a predicar el evangelio y a curar a los enfermos». Su mensaje sobrevivió durante aproximadamente trescientos años. Luego, su fuego divino se perdió y ya no se volvieron a pronunciar las palabras: «Que seas curado». Su lugar fue ocupado por el credo y la ceremonia. Ahora, vemos que la gente acude a estos centros de Verdad para ser curada, bendecida y para prosperar. Han aprendido a «rezar correctamente» y han comprendido lo que es la fe.

Una mujer me habló de una oración que había sido contestada. Su hijo le escribió para decirle que se marchaba al sur de California en un viaje de negocios en su coche. Ella leyó en el periódico de la mañana que se había producido una inundación, e inmediatamente pronunció la palabra en busca de la protección divina. Experimentó una gran sensación de seguridad; sabía que su hijo sería protegido. Pronto tuvo noticias de él, diciéndole que otro negocio había interferido en su viaje, por lo que se había retrasado. Si se hubiera marchado cuando tenía intención de hacerlo, se habría encontrado en el distrito donde se produjo la inundación. Nos sentimos divinamente entusiasmados acerca de nuestras oraciones contestadas, a las que nosotros llamamos «manifestaciones», pues significan que hemos manifestado la verdad y que nos hemos liberado de alguna limitación.

El salmo 25 es uno de los más entusiastas de todos los salmos de alabanza y acción de gracias.

«¡Puertas, levantad vuestros dinteles, alzaos, portones antiguos, para que entre el rey de la gloria! ¿Quién es ese rey de la gloria? Yahveh, el fuerte, el valiente, Yahveh, valiente en la batalla.»

Los dinteles y los portones simbolizan la conciencia del hombre. Al levantarlos en la conciencia, entras en contacto con el superconsciente, con el Dios que hay dentro de ti, y entra entonces el rey de gloria. Este rey de gloria levanta tus cargas, libra tus batallas y resuelve tus problemas.

A la persona corriente le resulta difícil dejar que el rey de gloria entre. La duda, el temor y el recelo hacen que mantenga cerrados los portones y dinteles, en contra de su propio bien.

Una estudiante me habló de una situación en la que se veía atraída por pensamientos negativos. Había sido invitada a una reunión con viejos y valiosos amigos. Era de la máxima importancia para ella estar allí. Se sentía tan angustiada por ir, que se dijo repetidas veces: «Oh, espero que no ocurra nada que interfiera». Llegó el día de la reunión y ella se despertó con un terrible dolor de cabeza. En otra época había sufrido estos dolores de cabeza y había tenido que permanecer acostada durante varios días, pero no había vuelto a sufrir uno desde hacía varios años. Sus dudas y temores habían atraído esta desilusión.

Me llamó y me pidió: «¿Quiere pronunciar la palabra, por favor, para que me encuentre bien y pueda acudir a esta reunión tan importante?». Yo le contesté: «Desde luego, puesto que nada puede interferir en el plan perfecto de Dios». Así pues, pronuncié la palabra. Más tarde, ella me contó que se había producido un verdadero milagro. Me dijo que, a pesar de cómo se sentía, se preparó para acudir a la reunión. Limpió sus joyas, preparó su mejor vestido y se ocupó de todos los detalles, aunque apenas se sentía capaz de moverse a causa del dolor. A una hora muy avanzada de la tarde dijo que experimentó una sensación muy peculiar, como si una niebla se levantara de su conciencia, y entonces se sintió perfectamente bien. Acudió a la reunión y pasó unas horas maravillosas. Estoy convencida de que la curación se habría podido producir mucho más rápidamente si ella no hubiera dicho: «Quiero sentirme bien esta noche». Nos limitamos continuamente a nosotros mismos por medio de las palabras que empleamos; así pues, ella no se sintió bien hasta que llegó la noche. «Por tu palabra serás justificado, y por tu palabra serás condenado.»

Conocí a un hombre que era el centro de atracción allí donde se encontrara, porque siempre se mostraba entusiasmado con todo. Ya se tratara de zapatos, de ropa o de peinado, entusiasmaba a los demás para que compraran los mismos artículos e hicieran las mismas cosas. No ganaba nada material con ello, sino que se mostraba entusiasta por naturaleza. Alguien ha dicho: «Si quieres ser interesante para los demás, interésate por algo». Una persona interesada es una persona entusiasta. A menudo oímos decir a la gente: «Dime en qué estás interesado».

Son muchas las personas que no tienen intereses vitales y que se muestran ávidas por escuchar algo acerca de lo que hacen los demás. Habitualmente, son aquellas que tienen la radio encendida desde primeras horas de la mañana hasta últimas horas de la noche. Tienen que sentirse entretenidas en cada momento de su vida. Sus propios asuntos no parecen tener interés suficiente para ellas.

Una mujer me dijo en cierta ocasión: «Me encantan los asuntos de las otras personas». Esa mujer vivía sumida en el chismorreo. Su conversación sólo estaba compuesta de: «Me dijo», «Me dio a entender», o «He oído decir». No hace falta decir que ahora está pagando su deuda kármica. Una gran infelicidad se apoderó de ella y todo el mundo está enterado de sus propios asuntos. Es peligroso descuidar los propios asuntos y sentir una ociosa curiosidad por lo que hacen los demás. Todos deberíamos comprometernos a perfeccionarnos, pero también a mostrar un suave interés por los demás.

Saca el mayor provecho de tus desilusiones transformándolas en sorpresas felices. Transforma todo fracaso en un éxito. Transforma toda actitud imperdonable en perdón, toda injusticia en justicia. Estarás lo suficientemente ocupado si te dedicas a perfeccionar tu propia vida, y no te quedará tiempo para dirigir los asuntos de los demás.

Jesucristo despertó el entusiasmo de multitudes mediante la realización de milagros, la curación de los enfermos y la resucitación de los muertos. «Y una gran multitud le siguió porque vieron sus milagros que hizo por aquellos que estaban enfermos.» Al leer esto, sentimos el entusiasmo de las multitudes que le rodeaban. Con Él, todas las cosas eran posibles, pues sabía que Él y el Padre eran, de hecho, uno.

Con el entusiasmo divino, bendigo lo que tengo, y miró maravillada cómo se incrementa.

Índice